Mami

Beaucoup de chance
malgré tout

Bernard Chaussegros
avec la collaboration de
Jérémie Szpirglas

Beaucoup de chance malgré tout

calmann-lévy

COUVERTURE
Maquette : Nicolas Trautmann
Photographie : collection personnelle de l'auteur

ISBN 978-2-7021-4420-6

Avant-propos

Je vais vous raconter l'histoire d'une petite fille. Une petite fille de 6 ans, vive et impétueuse, à la gaieté insolente et communicative. Une petite fille née un mois exactement après la catastrophe de Tchernobyl, et que la folie nucléaire des hommes a rendue malade. Une petite fille qui disait chaque jour « la maladie, je la mettrai dehors ». Une petite fille dont l'enfance, l'adolescence et la jeunesse n'ont été qu'un long et perpétuel combat. Une petite fille qui ne s'est jamais plainte et qui a gardé le sourire, en dépit de tout, jusque dans la pire adversité.

Pour elle, chaque matin qui se levait était plein de promesses, chaque soir qui tombait était une journée de gagnée. Elle dévorait la vie en se souciant inlassablement de celles des autres. À ce titre et à bien d'autres, elle était et elle restera un exemple pour tous ceux qui l'ont côtoyée.

De rechutes en rémissions, et de rémissions en récidives, la maladie ne l'a jamais laissée en paix et, toujours plus puissante, toujours plus cruelle, l'a finalement emportée. Le jeudi 5 août 2010, au matin, elle s'en est allée. Elle s'appelait Anne-Lise, venait d'avoir 24 ans et c'était ma fille.

Deux années ont passé depuis, et elle est toujours avec nous. Comme une présence chaque jour à nos côtés, elle reste une source inépuisable d'inspiration, elle guide mes pas, ceux de sa mère, de son frère et de sa sœur.

C'est cette inextinguible joie de vivre, cette générosité dont elle faisait preuve envers chacun, cet esprit volontaire qui ne la laissait jamais baisser les bras, c'est, enfin, cet amour dont elle nous a fait don, qui me poussent aujourd'hui à écrire.

Si je veux raconter son histoire, ce n'est pas seulement pour elle, en son souvenir. C'est aussi et surtout pour nous ouvrir à tous les yeux sur cette évidence que, pris par notre quotidien et ses préoccupations, nous oublions trop souvent : la vie est belle, pour peu que nous sachions en saisir chaque instant – comme Anne-Lise le faisait si bien.

C'est pourquoi ce livre est écrit à la première personne : c'est Anne-Lise qui nous parle. Non pas pour nous donner des leçons, mais parce que c'est ce qu'elle a toujours fait, ce qu'elle a toujours voulu faire. Auxiliaire de vie scolaire était sa vocation : elle voulait aider ceux qui, comme elle, vivent une enfance difficile, mais n'en désirent pas moins suivre une scolarité (presque) normale. Anne-Lise ne s'arrêtait pas là, ce serait bien mal la connaître : elle allait aussi souvent que possible dans les hôpitaux, dans les classes de collèges et de lycées, pour parler, non pas seulement de maladie, mais de tolérance, d'amitié et d'entraide. Elle ne faisait pas de longs discours. Elle se contentait de parler, simplement. Elle parlait d'elle, de ses épreuves et de ses joies. Et c'est dans la nudité de l'expérience, dans le dépouillement du sentiment, qu'elle allumait en chacun cette étincelle d'espoir effronté qui l'animait à tout instant.

Pour le père que je suis, toutefois, prendre la plume n'a pas été facile. Sa voix et son rire qui résonnaient dans ma tête, sa présence constante à mon esprit, ont rendu l'exercice douloureux – fût-il nécessaire à notre deuil familial. Lorsque j'ai commencé à écrire, le poids du souvenir, la morsure aiguë et trop récente ont bientôt eu raison de moi. Je manquais également de recul, pour mettre de l'ordre dans ces vingt-quatre années si bien remplies. Je me suis donc tourné vers un jeune écrivain de mes amis, Jérémie Szpirglas, qui m'a aidé à rendre sa voix à ma fille chérie. Tour à tour, sa mère, ses amies et amis, celui qu'elle aimait, moi-même enfin, nous lui avons confié nos souvenirs d'Anne-Lise, petits et grands, infimes ou grandioses, traumatiques ou anecdotiques, pour qu'il donne ensuite à ce témoignage ses mots et sa forme.

Ce récit n'est pas à proprement parler une autobiographie, un journal intime, ni même une biographie, mais c'est un portrait fidèle. Ma fille Anne-Lise y est décrite avec vérité et tendresse. Il y a là, dans ces quelques instantanés qui ne pourront jamais la figurer qu'incomplètement, tout l'amour et le bonheur dont elle nous a fait don, et qu'elle a fait vivre en chacun.

Si ce livre n'est pas de sa main, je sais qu'elle aurait pu, qu'elle aurait voulu, l'écrire.

Bernard Chaussegros

Finies les vacances : on va leur mettre la pâtée !

C'est sûr, c'est certain. On va les battre. À plate couture. Papa et moi, on est gonflé à bloc : avant Noël, on a gagné au moins six matchs d'affilée. J'ai pas pu les voir, mais Papa m'a raconté. J'étais clouée au lit, comme dit Maman.

Ça fait déjà trois semaines ! Trois semaines que j'ai déserté le terrain de foot... Trois semaines que j'ai laissé mon équipe sans sa mascotte parce que j'étais malade – avec une toux tenace et rauque, que les délicieux sirops sucrés du docteur ne soignent en rien, non plus que ses antibiotiques à la petite cuiller. Trois semaines que je suis enfermée et que je m'ennuie. J'ai hâte d'en découdre.

Ça va être leur fête, je dis que ça.

On doit jouer contre Cavaillon : une bonne équipe, mais toutes les chances sont de notre côté. La dernière fois, on leur a mis un bon 3-0.

Ah ! Qu'ils étaient beaux, mes amis ! Qu'ils étaient forts ! Pendant tout le match, je courais d'un bout à l'autre de la ligne de touche, je criais, je chantais, je sautais en tous sens pour les encourager – ils me regardaient, et tout de suite ils reprenaient du poil de la bête pour repartir à l'attaque. C'est simple, je suis leur mascotte, à ces grands gaillards qui n'ont peur de rien, leur supporter numéro un… Il n'est pas un match sans que mes cris ne les poussent à la victoire – Serge, l'avant-centre, me dédie chacun de ses buts d'un clin d'œil malicieux et je lui réponds chaque fois en sautant de joie. C'est mon ami.

Ah ! Ils sont forts ! Ça oui ! Ils sont très forts ! Et, quand on perd, ce n'est pas faute d'avoir bien joué. Ce n'est pas une erreur d'arbitrage ou un coup bas de nos adversaires : on perd avec honneur, dit Papa, et on gagne avec gloire.

Après un rapide déjeuner, Mamounette me prépare. Elle choisit mes habits du dimanche. Pour moi, les habits du dimanche, ce sont mes petites baskets blanches, mon pantalon tout terrain, qui ne craint rien, ni la boue ni les chutes, un maillot de corps, un pull, mon manteau rouge. Sans oublier le maillot de l'équipe, que j'enfile par-dessus tout le reste. Il est bien trop grand pour moi et me descend jusqu'aux genoux – et encore, Maman a été obligée de le couper, pour que je puisse courir…

Et puis, sur la tête, un chapeau. Toujours un chapeau. Indispensable, le chapeau ! Chaque semaine un chapeau différent, qu'on fabrique le matin même avec Maman. On prend une vieille casquette, un fichu, un bob, ou même l'un de mes vieux maillots de corps et on décore ça avec des paillettes, du papier kraft, des étoiles, des fleurs énormes roses, rouges, vertes, jaunes, toutes les couleurs !

Lorsque Papa repose sa tasse de café, je suis fin prête. Je prends la pose devant lui pour lui montrer le résultat. Il me sourit largement, me prend dans ses bras, me soulève et me fait un gros poutou sur la joue. Ça chatouille. Il me repose, précieusement. Je trépigne d'impatience pendant que Maman finit de se préparer et hop, en voiture !

Arrivés au stade, je marche fièrement aux côtés de mon Papounet : mon Papounet, c'est pas n'importe qui ! À Cadenet, tout le monde le connaît ! C'est le chef du club ! Oui, le chef, parfaitement ! Et tout le monde le salue sur notre passage. Papa serre des mains, dit bonjour à tous, appelle tout le monde par son prénom, on lui donne du Monsieur le Président sur un ton jovial, comment ça va, fait pas chaud, le terrain est sec. Et moi, on me fait des tas de compliments, on me dit comme je suis jolie, on me demande comment je vais. Maman répond pour moi, dit que ma bronchite s'éternise et que ça commence à bien faire, qu'elle se demande si je ne fais pas des manières. Mais non. J'aimerais bien en faire, moi, des manières, mais non, je n'en fais pas, et je tire le bas de son manteau pour qu'elle arrête de dire n'importe quoi à tout le monde.

On va faire un tour du côté du vestiaire, pour une petite harangue comme Papounet sait si bien les faire. Quand il a fini, on fait un dernier tour, Papa serre des mains et toute l'équipe me claque la bise en riant.

Sifflet, engagement, dégagement, attaque dans la surface, dribbles, contre-attaque, nouveau dégagement. Le stade résonne de vivats. C'est dur. Le combat est serré. Chaque passe compte. Une rencontre haletante.

Pour moi, c'est dur aussi. Encore plus dur. Après deux allers-retours enthousiastes, mon souffle devient court, m'oblige à m'arrêter. Chaque inspiration s'accompagne d'un petit sifflement. Je n'ai plus de jambes. Je n'arrive plus à courir. Le ballon va trop vite. Encore quelques pas. Peux plus.

Je m'affaisse sur le banc de touche déserté par les remplaçants. Je cherche mon haleine, le regard à terre, un voile noir s'abaisse devant mes yeux.

Au-dessus de moi, j'entends la voix de mon Papa qui gronde et grogne au rythme des passes et des actions. Il va en tous sens, d'un pas nerveux. Il est tout au jeu, engagé aux côtés de ses joueurs, comme toujours. Il souffre et peine avec eux, il les galvanise à cris et à gestes. Je voudrais le suivre, faire comme lui. Courir d'un bout à l'autre du terrain comme je le fais d'habitude, applaudir et sauter partout. Mais non. Le souffle me manque. J'ai froid.

Une nouvelle quinte de toux, interminable.

Maman vient s'asseoir à côté de moi, pose sa main fraîche sur mon front, puis sur ma joue, me redresse la tête. Elle me demande si ça va, me dit de me secouer. Ça me réveille un peu. En guise de réponse, je lui souris, et repars à l'attaque.

Pas pour longtemps.

Je reviens sur le banc en toussant de plus belle. Mes jambes ne me portent plus.

C'est au tour de Papa de venir me voir. Je lui demande qui gagne, il ne me répond pas. Il délaisse le match pour moi. Il devrait pas. C'est pas grave, ça va passer, je vais y retourner. Maman me prend dans ses bras.

« Depuis tout à l'heure, je la vois assise là. C'est pas normal : elle manque d'énergie, ta fille… »

« Bizarre, une bronchite aussi longue, quand même… »

« Vraiment, tu penses encore que c'est une bronchite ? Ça m'a l'air plus sérieux… »

« Pourtant le médecin… »

Ils ne finissent pas leurs phrases, c'est agaçant.

« Oui, le médecin, je sais. Mais il a tort : tu vois bien que ses antibios ne marchent pas. »

Le terrain est à deux pas de moi. Je peux sentir l'herbe caresser mes petites chaussures quand je balance mes pieds. Mais j'ai l'impression d'être très loin, et que le match se déroule à des kilomètres de moi. De temps en temps, je lève la tête et regarde les joueurs courir sans bien comprendre. Tout est trouble. Je somnole à moitié.

Je suis sur le terrain et je lutte.

Le trajet me semble long. Très long. Je respire toujours aussi mal. Et je n'aime pas l'inquiétude ombrageuse que je lis sur le visage de mon Papa – je préfère quand il rit, de son gros rire sonore qui me fait rire aussi. Tout le monde se tait dans la voiture. Papa conduit. Ça tourne beaucoup. Et ça ne m'amuse pas.

Moi, je suis à l'arrière, à ma place habituelle derrière Maman, mon gros ours dans les bras. À mes côtés, une petite valise, préparée à la va-vite par Mamounette, avec quatre vêtements, un pyjama et une brosse à dents. Rouge vif, la valise, avec un joli dessin dessus. Que je regarde sans voir.

Papa et Maman fixent droit devant eux, concentrés sur la route.

Ils m'ont dit qu'on allait à l'hôpital.

Dimanche, en rentrant du foot, mon Papa a téléphoné là-bas. J'entends encore sa voix. Fermée, sévère, avec une urgence inquiète et autoritaire dans le ton.

« Non, dans quinze jours, c'est trop tard. C'est tout de suite ! »

Sa voix, c'était comme un grondement.

« Tout de suite, je vous dis. »

Un grondement, avec quelque chose d'une rage rentrée, d'un tremblement.

« Non, tout de suite. Elle ne va vraiment pas bien, et ça fait presque un mois maintenant. Vous êtes certaine que le professeur ne peut pas la voir aujourd'hui ? Ou demain… Mardi, oui, bon. C'est mieux. »

Il a raccroché en marmonnant un merci peu amène.

Alors, voilà, on est mardi. Il fait sombre. Il fait gris. C'est pas marrant dans la voiture. Ça tourne tout le temps.

Quand on arrive sur la grande route, les langues se délient.

« Tu crois qu'on va avoir des embouteillages à l'entrée de Marseille ? »

C'est ma Maman qui parle.

« Non, non, ça devrait aller. »

Un temps.

« C'est peut-être un problème respiratoire. Tu crois que ça peut être une pneumonie ? »

Encore un temps.

« Ce souffle court, c'est peut-être de l'asthme, ou quelque chose dans le genre ? »

Dans leurs voix se mêlent incertitudes, doutes, hésitations. Comme quand on se perd en voiture et qu'ils se disputent pour savoir quelle route prendre. Mais en dix fois pire parce que en silence. Une dispute calme. Les voix sont tendues. Douces et tendues. Une dispute où tout le monde est d'accord.

« Je ne sais pas. »

Mon Papa hausse le ton. Il s'agace. Ce ne sont pas les questions incessantes de Maman qui l'énervent, je le sens bien. Non, c'est autre chose. J'ai peur que ce soit moi.

De temps en temps, l'un ou l'autre se retourne, me jette un regard rapide, remonte la couverture qui a glissé dans un tournant, me passe une main dans les cheveux, me demande Anne-Lise, ma perle, tu veux ton ours, ta girafe, un peu d'eau ?

Moi, je suis fatiguée. Je voudrais dormir. Je n'y arrive pas. Si je m'assoupis un instant, mon souffle court me réveille aussitôt. Ou une quinte de toux.

On arrive. Mon Papa me prend dans ses bras – Maman dit que je peux marcher, que je le fais marcher, comme elle dit souvent, mais cette fois, elle le dit plus doucement, comme avec espoir. Je fourre mon visage dans le cou de mon Papa. J'ai envie de dormir. Encore.

Quand on franchit les larges portes coulissantes, comme au supermarché, une odeur étrange me saisit les narines. J'aime pas. J'enfouis mon nez plus loin encore dans le cou de Papounet. Je préfère de loin son odeur. On avance dans de grands couloirs. Je vois quelques lits très haut perchés, montés sur roulettes. Y a du plastique aux coins. Ça ressemble à des autotamponneuses. Je me demande si je pourrai jouer avec.

On arrive dans le cabinet du docteur. Il y a un grand monsieur, avec une grande blouse blanche. Ça doit être le docteur, il a un stéthoscope. Certainement, le docteur.

Il échange quelques mots avec Papa et Maman. Ils lui racontent ma bronchite. Puis Maman me dit, viens, on va ôter ton pull et ta robe. Papa me dépose précieusement sur la couche en cuir. Le même que chez le docteur à Cadenet, avec le même cuir qui colle un peu à la peau, le même mauvais papier déroulé dessus.

D'habitude, j'aime bien le déchirer, pour de rire, en faire de la charpie.

Pas cette fois. Trop fatiguée.

Le monsieur s'assoit devant moi, me sourit.

Son sourire s'efface vite. Il regarde les petites taches rouges que j'ai depuis quelque temps sur le cou, les épaules, la poitrine. Puis il appuie un peu avec ses doigts, sur mes joues, sur mon cou. Ses doigts sont tout chauds. Il va tâter mon ventre. Ça n'a pas l'air de lui plaire. Mais alors pas du tout. Il devient tout pâle. Au bout de quelques secondes, il s'arrête, s'écarte d'un coup de pied qui envoie rouler son fauteuil à roulettes jusqu'à son bureau (et lui dedans) et décroche son téléphone. Il dit dedans des mots que je ne comprends pas. En dit d'autres à Papa et Maman que je comprends à peine plus.

Je reste là sans rien faire, pendant que Maman me couvre les épaules de mon gilet. Je m'aperçois à peine que j'ai froid. Je regarde par terre.

Une minute plus tard, une dame en blouse blanche entre, elle me sourit, elle a l'air gentille. Elle me serre le bras avec un élastique, me dit de regarder ailleurs. Je sens une petite piqûre puis elle me dit d'appuyer très fort avec un coton sur mon bras. Après, le monsieur nous dit d'aller attendre dans la pièce à côté.

En fait de pièce, c'est le couloir qui s'élargit, avec quelques banquettes et deux fauteuils qui se font face. Nous nous installons, je pose ma tête sur les genoux de Papa, je ferme les yeux.

On reste comme ça un peu. Pas très longtemps. Il y a du passage, des gens en blouse blanche, d'autres sans. Et quelques enfants. De mon demi-sommeil, j'ai une impression bizarre, comme si quelque chose n'allait pas chez ces enfants. Je ne m'en rends pas compte tout de suite. Et puis je comprends. En fait, ils n'ont pas de cheveux. Ils ont parfois des bandeaux ou des tissus sur la tête, pour cacher, mais ça cache mal. Ça agrandit leurs yeux. Ça leur fait de grands yeux sous des fronts infinis, de grands yeux écarquillés, comme deux points d'interrogation au milieu du visage. Je regarde Papa, je voudrais lui poser une question, mais il a l'air étonné lui aussi. Il échange des coups d'œil nerveux avec Maman. Je m'assoupis.

La porte s'ouvre à nouveau. Le monsieur dit à Papa et Maman que la dame va m'emmener pour m'examiner. Papa et Maman sont perdus. Ils me semblent tout petits.

Et soudain, j'ai peur.

La dame très gentille me prend dans ses bras, et me pose sur un lit à roulettes. C'est beaucoup moins drôle que ce que je pensais. C'est elle qui pousse le lit, ça va pas vite et puis je peux même pas conduire. De toute façon, je suis trop fatiguée. On passe une porte, rouge vif, puis une deuxième, vert pomme, il n'y a pas un bruit, on tourne une fois, deux fois, on prend l'ascenseur avec dedans un grand miroir et quelques dessins, comme ceux qu'on fait en classe et que la maîtresse colle sur les murs, et on arrive dans une nouvelle pièce toute blanche, avec deux larges fenêtres d'où on voit le ciel gris et, dessous, on imagine la mer grise, au loin.

Le monsieur de tout à l'heure est là, qui m'attend. Il me dit d'être une grande fille, une fille courageuse. Je lui dis que je fais du foot. Il sourit. Il me dit que ce qu'il va faire va me faire très mal, mais qu'il le faut.

Je lui dis que non, que moi, je n'aurai pas mal.

Il me demande de me mettre sur le côté. Je sens un coton mouillé au bas de mon dos. Comme quand Maman me met du mercurochrome, même que c'est tout rouge après. Puis c'est un truc pointu et froid.

Et une douleur.

Une douleur assourdissante.

Atroce.

Insupportable.

Je crie.

« La maladie, je la mettrai dehors ! »

C'est Maman qui m'a expliqué. Dans mon corps, c'est comme à la télé. Ou le jeu qu'on joue avec mes cousins : il y a des gendarmes et il y a des voleurs. Les voleurs sont méchants, les gendarmes sont gentils. Les voleurs fuient, les gendarmes les chassent.

La maladie, c'est pareil. Dans mon corps, il y a des voleurs. Et ces voleurs ressemblent beaucoup aux autres gens dans mon corps. Sauf qu'ils sont vraiment très méchants : non seulement ils volent, mais ils font du mal à tout le monde en plus.

Alors le docteur me donne des médicaments : ce sont les gendarmes. Ce ne sont plus des poudres ou des sirops comme ceux que je prenais avant, ce sont de grosses poches de liquide transparent qui coule directement dans mon corps pour chasser les voleurs.

Alors moi, je lui ai dit, à Maman : « La maladie, je la mettrai dehors ! »

Et je l'ai répété à Papa qui a eu l'air très fier de moi, et puis au docteur aussi, qui m'a souri lui aussi.

Tous les jours, je passe la matinée avec un tuyau dans mon bras – ça m'a fait mal la première fois, quand l'infirmière m'a fait la piqûre, mais depuis, tout va bien. Maintenant, même plus besoin de piquer, j'ai un robinet sur le bras.

Quand le liquide commence à couler dans mon bras, ça pique un peu, ça brûle même un peu, aussi. Mais sans plus. De temps en temps, ça gratte, parce que les gendarmes se battent avec les voleurs, alors, forcément. Au début, je me grattais, mais Maman m'a dit d'arrêter, que sinon, j'allais empêcher les gendarmes de faire leur travail.

On m'a dit que ça s'appelait chimio. Je sais pas pourquoi. C'est rigolo, comme nom.

La première fois, comme j'étais très fatiguée, on m'a donné du sang – pareil, avec des poches et avec le tuyau – pour me requinquer. Maman me dit que c'est pour donner de l'énergie aux gendarmes, pour qu'ils soient plus forts et courent plus vite pour mieux attraper les voleurs. Alors je surveille ce sang rouge sombre qui descend dans mon bras.

Ce qui m'embête, quand on passe la chimio, c'est Delphine. Delphine, c'est une de mes copines de l'hôpital. Comme moi, elle a des voleurs dans son corps, et, comme moi, on lui donne des gendarmes pour les chasser. Mais elle, ça la brûle vraiment beaucoup. Chaque matin, elle a mal. Elle pleure. Des fois, elle vomit. Elle est toute pâlotte comme dit Mamounette, et le blanc de ses yeux devient jaune. Alors j'essaie de jouer avec elle, pour lui changer les idées. On joue aux gendarmes et aux voleurs, mais avec les poupées et les peluches que Papa m'a offertes. Elle pense moins à la piqûre et elle sourit. Le problème, c'est que tous les matins elle fait les mêmes histoires quand on veut lui donner sa dose de gendarmes. Moi ça me rend toute triste. Je sais pas quoi faire.

Maman est toujours là, avec moi. On est toujours ensemble, et ma chambre, c'est chez nous. Quand je suis fatiguée, je m'endors dans ses bras. Elle me fait des caresses tendres et des câlins. J'aime ça. On joue aussi à des tas de jeux pour passer le temps. De temps en temps, des amis me téléphonent, ou alors Papy et Mamie, et Maman me passe le combiné et je leur dis que tout va bien, que je passe ma chimio, mais que tout va bien.

Une fois seulement, les voleurs se sont rebiffés et j'ai été très malade. C'était quelques jours après notre arrivée à Marseille. J'ai eu beaucoup de fièvre. Comme une énorme grippe. Et même une double grippe, puisque le docteur parlait d'une maladie avec deux germes. Je sais pas ce que ça veut dire. Peut-être que c'est comme à la télé, quand deux bandes de gangsters se battent et que les gentils doivent arrêter tout le monde. Et puis, grâce au docteur, les gendarmes ont gagné. La fièvre a passé et, de nouveau, c'est allé mieux.

C'est tombé par mèches entières.

Ce matin, en me réveillant, j'en ai trouvé partout sur mon oreiller. Je n'ai pas compris tout de suite. Il y en avait partout. Dans les draps, par terre à côté du lit, jonchant çà et là. C'est en me regardant dans le miroir que j'ai compris. Et j'ai pris peur.

Mon cœur s'est mis à battre à cent à l'heure.

Une peur panique.

Depuis ce matin, ça n'arrête pas. Ça tombe, ça tombe, ça tombe.

Il suffit que je passe ma main dans mes cheveux pour que j'en arrache une poignée. Et je ne cesse depuis ce matin de me passer la main dans les cheveux. Je n'arrive pas à m'en empêcher. À chaque fois, quelques mèches me restent entre les doigts, et, à chaque fois, l'angoisse augmente, la peur me tord le ventre.

Où est donc cette belle chevelure que ma Maman brossait tous les jours avec soin ?

Je les vois, moi, je les vois bien, mes amis de l'hôpital, ceux qui sont malades comme moi, et qui passent de la chimio comme moi : ils sont chauves ! Tous !

Les premiers jours, ça m'a un peu étonnée. Et puis je m'y suis faite.

Mais là, c'est pas eux, c'est moi ! Est-ce que je vais devenir chauve, moi aussi ? Et mon Papounet, qui adore mes cheveux, qui les trouve les plus beaux du monde, qui les caresse quand il me prend sur ses genoux ou que je m'endors dans ses bras – instants de grâce, moments merveilleux, où plus rien n'existe que nous. Si je deviens chauve, est-ce que Papa m'aimera encore ? Si je n'ai plus de cheveux, m'aimera-t-il autant, ne sera-t-il pas dégoûté par ce crâne lisse comme ceux des autres, qui brille quand j'ai chaud ? Je le vois déjà, le cœur brisé, et les miettes emportées par la cascade de mes bouclettes.

Le miroir est là qui m'attire, et, en même temps, je n'ose plus m'y regarder. Que va dire Papa ? Et s'il me fuit ? Et s'il ne veut plus jouer avec moi, me prendre dans ses bras, me faire des câlins ? Me sourira-t-il encore ? Rira-t-il encore avec moi ? Son sourire, et son rire… Son rire et son sourire, quand il me fait des guilis ou me fait voler au-dessus de sa tête, quand il me raconte des histoires, son sourire et son rire qui sont comme le soleil de ma vie… seront-ils encore là lorsqu'il me verra, au milieu des cadavres de mes cheveux ?

Maman a tout de suite vu que quelque chose clochait. Elle m'a regardée, elle a regardé mes cheveux à terre, elle a vu mon désarroi. Tout de suite, elle m'a prise dans ses bras, m'a dit c'est normal, c'est normal, ne t'inquiète pas, ne t'inquiète pas, tu sais, le jeu des gendarmes et des voleurs qui se passe dans ton corps, c'est un jeu vilain, un jeu méchant, parce que les voleurs sont méchants, tu comprends ? Ce n'est pas comme quand tu joues avec tes amis ou avec tes cousins. C'est violent, c'est un jeu qui tue, et, hélas, il y a parfois des innocents qui sont pris entre deux feux et qui meurent, tu comprends, elle parle lentement et vite à la fois, elle a la voix qui tremble, elle parle sans s'arrêter, comme si sa voix pouvait me consoler, tu comprends ? c'est la guerre, et ce n'est pas beau, et tes cheveux sont des innocents, comme ça, qui sont tués à cause des méchants.

Elle ne comprend pas. Elle ne comprend vraiment pas. C'est pas ça du tout. Elle ne comprend pas et ça me désespère encore plus. Une larme affleure au bord de ma paupière, non pas de douleur ou de tristesse, mais une larme de peur et de dépit.

C'est pas ça, lui dis-je. Non. C'est pas ça. C'est Papa.

Papa quoi ?

Elle me regarde d'un air tout drôle.

Papa ne va plus m'aimer.

Mais pourquoi il ne va plus t'aimer ? Dis-moi…

Il ne m'aimera plus parce que je n'aurai plus de cheveux.

Maman me regarde, interdite. Ça dure bien quelques secondes. Puis je vois ses yeux qui sourient, qui rient même. Comme si elle se moquait de moi. Elle me prend dans ses bras, me serre tout contre elle. C'est tout chaud.

Oh ! Mon adorée, ma bébête adorée ! Ne t'inquiète pas pour ça ! Ton Papa t'aimera toujours. Que tu sois chauve ou non, cheveux courts ou cheveux longs, grande ou petite : toujours, il t'aimera, quoi que tu fasses, quoi qu'il arrive, quoi qu'il se passe dans le monde, il t'aimera. Et moi aussi. Nous t'aimerons toujours comme nous t'aimons aujourd'hui, et comme nous t'avons toujours aimée – peut-être même plus, si c'est possible.

…

Regarde-moi, dit-elle encore, en me prenant doucement le menton entre deux doigts, ton Papa restera toujours ton Papounet adoré, et il t'adorera toujours.

Elle me reprend dans ses bras.

Ma bébête.

C'est tout chaud.

Et tu verras, ce soir, quand Papa viendra, tu verras que j'ai raison.

Tu seras toujours sa perle.

Sa perle.

Toujours.

Toute la journée, j'attends ce moment. Ce moment où la lumière dehors décline, où les passants qui passent en bas de la fenêtre s'empressent en remontant le col de leurs manteaux, où les couloirs soudain se calment. Juste après le dîner.

Toute la journée, j'attends ce moment. Quand arrive l'heure du repas, je deviens carrément impatiente et alors je guette... Je guette la porte de ma chambre, je guette le bruit des gonds, je guette le moindre mouvement de la poignée. Même en mangeant, je guette. Maman est à mes côtés. Elle guette aussi, avec moi. Elle connaît comme moi les signes avant-coureurs. Qui annoncent l'arrivée de Papa.

Le matin, c'est Maman qui me réveille. La première chose que je vois en ouvrant les yeux, c'est son sourire, son amour. Dès la première ronde des infirmières, juste après le changement de service du matin, elle est debout. Et elle me réveille doucement, en me caressant les cheveux – ce qu'il en reste – juste avant leur passage, pour que je sois prête. Puis les infirmières viennent me voir pour me demander si j'ai bien dormi : elles frappent à la porte, entrent, font les quelques pas qui séparent la porte du lit, prennent ma température et tout le reste, échangent quelques mots avec Maman qui note quelques chiffres dans son petit carnet, puis elles m'examinent rapidement, et s'en vont enfin avec un petit signe d'assentiment.

Quelques instants plus tard, c'est le petit déjeuner. Puis on vient me rebrancher au tuyau, avec une pochette toute neuve de produits. Je n'y pense déjà plus, déjà j'oublie la chimio qui passe : avec Maman, nous sommes déjà en train de jouer. Au début, on jouait aux cartes, à la bataille ou aux sept familles, et puis après, Papa nous a apporté d'autres jeux, alors on a joué au Puissance 4, au Mille Bornes, aux Petits Chevaux, au Jeu de l'Oie.

Le temps passe vite : on s'amuse bien. C'est comme des vacances. De temps en temps, quand le docteur vient me voir, on reparle de gendarmes et de voleurs, mais pas pour longtemps.

En général, la poche est vide à l'heure du déjeuner. Après manger, il y a parfois une maîtresse qui vient me voir. Ce n'est pas la même qu'à l'école, mais elle est très gentille quand même. Ensemble aussi, on fait des jeux. Des jeux, avec des chiffres, avec des lettres, avec des dessins de toutes les couleurs, et plein d'autres choses. Je lui ai demandé de m'apprendre à lire, ça a eu l'air de lui faire plaisir alors on a commencé. Quand la maîtresse est partie, Maman prend la relève. On lit des tas de livres ensemble, avec de jolies images.

Et puis il y a les ateliers : une fois par semaine, je fais de la poterie – j'ai fait un joli vase pour Maman et un bougeoir pour Papa –, de la peinture, de la musique et même de la cuisine parfois. Quand le temps le permet, Maman m'emmène faire une petite promenade. Sinon, il y a toujours la télé : ça, c'est comme à la maison.

Mais la télé, le soir, je la regarde à peine. Je suis trop excitée. Ben oui, parce que, à l'heure où on regarde la télé, d'habitude, à la maison, ben ici, à l'hôpital, c'est juste avant qu'il arrive. C'est juste avant le moment, joyeux, que j'ai attendu toute la journée.

Soudain, ça y est : la porte s'ouvre. Alors je repousse tout, en vrac : les dernières miettes du dîner, les bras de Maman, les couvertures, les livres et les jeux, je saute sur mes pieds et me précipite vers mon Papounet qui entre. Il a à peine le temps d'ôter son manteau, de poser ses affaires, je suis déjà dans ses bras.

Et quand j'y suis, j'y reste. Qu'importe s'il pleut dehors et qu'il n'a pas eu le temps d'enlever son imper, de poser son parapluie. Qu'importe s'il demande des nouvelles à Maman. C'est moi, sa perle, non mais ! D'ailleurs, la preuve, il m'a apporté un cadeau !

Je me souviens, quand j'étais petite, Papa m'a offert un poney ! Ça faisait longtemps que j'en rêvais : monter, trotter, caresser l'encolure, galoper, lui donner à manger et à boire après. Comme dans les dessins animés, je lui aurais raconté ce qui se passe dans ma vie, et il m'aurait écoutée, comme ça, en reniflant de temps en temps, et en faisant quelques mouvements de la tête. Mais ça s'est pas passé comme ça, et ça s'est pas très bien fini : je ne me suis pas entendue avec lui. Pas du tout. Il n'avait rien à voir avec le poney dont je rêvais. Il n'était pas gentil, il avait des grandes dents menaçantes, et des manières bourrues. À la télé ils ont l'air plus gentils, surtout les poneys des dessins animés. Alors non. Pas de poney. C'est gros, ça me fait peur. Finalement, je préfère les chiens. Mais Papa a bien d'autres tours dans son sac, et ne manque jamais une occasion de me faire un cadeau.

Tous les jours, j'ai droit à des sucettes, des legos, des playmobils – ou alors c'est un nouveau jeu pour ma Gameboy. Aujourd'hui, c'est une peluche, hier, c'était une poupée, demain qui sait…

C'est dans les bras de mon Papa que je commence à m'endormir. Je pose ma tête sur ses genoux ou sa poitrine, je profite de la chaleur de son amour pour moi – cet amour qui n'a que faire de la chute de mes cheveux –, je profite de son odeur, de sa présence que j'ai tant attendue. Le dernier passage de l'infirmière annonce l'heure de son départ, et je suis déjà trop épuisée pour le retenir. Il me met au lit. J'ai droit à un dernier bisou, de Papa, de Maman. Papa s'en va. Je m'endors, mon Doudou dans les bras, ma Maman à côté de moi.

À demain, maman. Je t'aime.

Catastrophe !

Doudou a disparu !

Je m'en suis aperçue tout à l'heure, en allant déjeuner, après la chimio. On avait joué toute la matinée avec Maman, même que j'avais gagné à la bataille navale.

Et puis quand je suis rentrée dans ma chambre, plus de Doudou.

Avec Maman, on a retourné la chambre, on a fouillé partout, soulevé le matelas, ouvert les taies d'oreiller, vidé les placards, mis en vrac la salle de bains. Rien.

J'étais désespérée.

On est retourné dans la grande salle où je fais ma chimio avec les autres enfants, et où j'ai joué avec Delphine et le beau Romain, on a cherché sous les sièges, sous les tables, sous les lits, dans les coins. Rien.

On a passé tout l'après-midi à le chercher. Les infirmières ont été réquisitionnées pour se joindre à la traque. Il faut retrouver Doudou !

On a refait cent fois le trajet, on est revenu sur nos pas, en avant, en arrière, à pas de côté, scrutant partout. Rien.

Quand Papa est arrivé, il nous a trouvées encore fouillant. Pour la première fois, je ne lui ai pas sauté dans les bras – ça a dû l'étonner. J'étais presque au bord des larmes. Presque. Parce que je suis une grande fille et que les grandes filles ça ne pleure pas.

Évidemment, il a été réquisitionné et lui aussi il a cherché avec nous.

Et puis voilà qu'Hilda, une des infirmières qui est si gentille avec moi, a un coup de génie : le linge ! Mais oui, voilà, le linge ! Mes draps sont changés presque tous les jours pour ne pas que les maladies y traînent. Et Doudou est peut-être parti à la lessive avec le reste.

Vient alors le moment de la course-poursuite, moment incontournable de tous les bons films qu'aime mon Papa. Voilà Hilda qui se lance, suivie de près par Maman pendant que je reste assise sur mon lit avec Papa. Nous sommes pétrifiés par le suspense, Doudou a-t-il réchappé à la machine de l'hôpital ?

Quelques minutes plus tard, Hilda et Maman reviennent, échevelées et essoufflées. Elles affichent une mine dépitée, mais je sais bien, moi, qu'elles me font une blague. Et je joue le jeu, je fais semblant de me mettre à pleurnicher, et puis je saute de joie, enfin, lorsqu'elles sortent ensemble de derrière leurs dos, d'un mouvement d'un seul, Doudou qu'elles ont retrouvé.

Il est neuf heures et demie : Doudou arrive juste à temps pour le dodo.

Je retrouve enfin ma chambre.

Elle a bien changé depuis deux mois.

Elle est toute vide. Immaculée.

Il ne reste que mon petit lit, dépourvu de sa couverture qui a été remplacée par une couette avec une housse toute neuve et des dessins de la Petite Sirène dessus. La taie d'oreiller aussi, elle est toute neuve. Avec le visage de la Petite Sirène et ses longs cheveux.

C'est Papa et Maman qui m'ont ramenée, ensemble. On a fait le même trajet qu'il y a deux mois, avant l'hôpital, avant les piqûres, avec la chimio et tout, mais en sens inverse. Ça m'a paru long aussi, mais surtout parce que j'avais hâte de retrouver mes jouets, de tout raconter à mes poupées, de parler à mon ours de mes nouveaux amis, d'Angélique, de Delphine, de Julien, et surtout de Romain et de ses beaux yeux.

Romain, c'est mon amoureux de l'hôpital : il a les yeux bleus, si jolis, bleus comme le ciel. Même qu'il m'a fait un bisou sur la joue quand on est parti.

Dans la voiture, Papa et Maman m'ont prévenue qu'il y avait un peu de changement. Quand on est arrivé devant la maison, Papa m'a prise dans ses bras et m'a portée jusqu'à la porte de ma chambre. Il m'a posée devant, et il a attendu. Je l'ai poussée, et me voilà, là, sur le seuil, à regarder dedans. Papa et Maman sont là aussi, derrière moi, ils ont l'air un peu inquiet. Je ne sais pas pourquoi.

Et puis je regarde et je comprends.

Je n'ose pas rentrer tant ça a changé. Ça ressemble à ma chambre, le papier peint aux couleurs vives et joyeuses est encore là, mais ce n'est plus tout à fait ma chambre. La moquette a été entièrement retirée, remplacée par du carrelage de toutes les couleurs. Dans un coin, l'armoire où Maman range mes vêtements est l'unique vestige de la multitude de jouets et de peluches qui la meublaient avant mon séjour à l'hôpital.

Tout est propre. Ça sent bon ! Comme un gros bouquet de fleurs. C'est autre chose qu'à l'hôpital. À force d'y rester enfermée, j'avais presque oublié cette odeur qu'il y a là-bas, cette odeur fade et sucrée.

Papa me répète ce qu'il m'a dit dans la voiture : on a tout changé pour éviter que d'autres voleurs n'entrent dans mon corps pour me faire du mal. Pour laisser les gendarmes se reposer un peu. Il faut empêcher les voleurs de se cacher autour de moi. C'est plus le jeu des gendarmes et des voleurs, c'est cache-cache. Et peluches et jouets sont des super cachettes.

Je regarde encore ma chambre. Elle a l'air toute nue sans ses jouets.

Adieu mon gros ours, adieu ma dînette, adieu mes belles poupées et leurs belles tenues. C'est triste. J'aurais bien voulu leur dire au revoir, leur raconter une dernière histoire avant qu'ils partent, pour qu'ils ne soient pas trop malheureux.

La maison a subi le même sort : Un grand ménage de printemps ! claironne Maman.

Tu verras, dit-elle, on sera bien tous ensemble, toute la famille à nouveau réunie.

Bien sûr, mes cheveux n'ont pas repoussé. Bien sûr, je dois prendre des médicaments, et retourner de temps en temps à l'hôpital – quand je lui ai dit au revoir, le docteur m'a dit en souriant à dans trois semaines, Anne-Lise. Mais pour l'instant, c'est vacances : je vais pouvoir retourner à l'école et revoir mes amis, dit Maman, comme avant !

Maman me dit que je peux garder mon Doudou. Papa me dit qu'il m'offrira des tas de nouveaux jouets pour remplacer les autres. Et des jeux pour ma Gameboy. Et des Bisounours. Et aussi des legos et plein de jeux : on fera attention, il n'y aura aucun voleur dessus, promis.

Papa me fait un clin d'œil. Tu devrais aller voir sous ton oreiller.

J'y vais, il y a un bout de ruban qui dépasse. C'est comme pour la petite souris quand j'ai été une grande fille quand mes dents sont tombées. Je soulève l'oreiller : c'est la cassette de la Petite Sirène ! Je regarde Papa et Maman avec un grand sourire.

Maman me dit tu veux la regarder ?

Oh oui !

Ça a commencé sur le chemin de l'école. Dans la rue.

Au début, je n'ai pas remarqué. Maman me parlait, elle me disait de ne pas hésiter à le dire à la maîtresse si je ne vais pas bien. Elle m'a même dit que je n'étais pas obligée d'aller à l'école dès aujourd'hui, si je veux. Mais moi, je veux y aller, à l'école. Ça fait deux mois que je n'y ai pas mis les pieds ! Et j'ai envie de voir mes copines, moi. J'ai envie de leur parler de Romain, puisque je n'ai rien pu dire à mes nounours.

À l'école, on pourra jouer aux gendarmes et aux voleurs, en vrai. Je leur montrerai, moi ! Je leur montrerai que les gendarmes sont toujours les plus forts.

Alors voilà, Maman me parlait, et j'ai pas fait attention à ce qui se passait autour de nous.

Ce n'est qu'en arrivant près de l'école que j'ai vraiment remarqué, que j'ai vraiment senti. Les regards. Avec cette impression étrange d'être un aimant. Les deux côtés de l'aimant en même temps : celui qui attire, en même temps, celui qui repousse. Les regards glissent sur moi, et se détournent immédiatement, comme quand on met deux aimants côte à côte.

Pareil dans la cour de l'école.

La seule qui n'a pas détourné le regard, c'est la Maman de Julie. Elle m'a regardée fixement et, pendant deux secondes, j'ai vu sa main se crisper sur l'épaule de Julie, comme pour la retenir. Puis elle l'a laissée aller. Mais Julie n'est pas venue me voir. Elle m'a dit bonjour de loin. Avec de grands yeux écarquillés.

La maîtresse est venue vers moi, elle s'est penchée, elle m'a embrassée – elle m'aime bien, et moi aussi, je l'aime bien. Elle est gentille, mais elle ne m'avait jamais embrassée comme ça avant. C'est bizarre. Maman et elle se sont écartées pour se dire quelques mots. Pas longtemps.

Aussitôt après, la maîtresse a tapé dans ses mains en disant, aller, on y va, et on l'a tous suivie jusque dans la classe.

Dans la classe, rien n'a changé. Rien n'a bougé. Les murs verts et bleus, les lampes jaunes. Les coffres à jouets, les crayons de couleur, les grandes lettres affichées sur les murs. Seuls quelques dessins ont été rajoutés. La maîtresse me regarde. Je comprends qu'il faut que j'aille les voir. Il y en a une bonne dizaine. Que des dessins nouveaux, que je ne connais pas. Dessus, il y a une petite fille sur un lit. Sur certains, on lui fait des cadeaux, sur d'autres, on lui fait des bisous, avec des cœurs et des mots gentils. Je comprends que c'est moi, je me tourne vers la maîtresse et je souris. Puis je souris aux autres, sans oser les regarder. Sans oser regarder leurs yeux qui me regardent.

Sur les dessins, ils ont oublié un truc : les cheveux. Sur les dessins, j'ai toujours la belle et longue chevelure blonde que j'avais avant. Alors que là, tout de suite, ils n'osent même plus s'approcher de moi à cause du drôle de fichu rose que j'ai sur la tête. Ils font des yeux tout ronds comme des poissons.

Ils ne disent rien.
Ils me regardent.
Puis la maîtresse tape encore une fois dans ses mains, comme elle fait d'habitude pour qu'on se taise quand on fait du bruit, et puis elle demande : « Et vous, vous avez fait quoi pendant les vacances ? »

« Non ! »

Moi, je lui ai dit, au docteur. Moi, les aplasies, je les fais sans fièvre et sans histoire. Sans tambour ni trompette.

C'est encore Maman qui m'a expliqué. En fait, c'est encore et toujours des histoires de bandits : dans mon corps, les bandits sont tellement nombreux qu'ils prennent la place des gens normaux et parfois même des gendarmes ! Mais, comme ce sont des bandits, ils ne font pas bien leur travail. Alors résultat, je risque d'attraper tout ce qui traîne, comme dit Mamie. Même qu'à chaque fois qu'elle dit ça, en fait, ça veut dire qu'il faut que je mette une petite laine. Toutes les maladies, même celles pas méchantes comme les rhumes, deviennent méchantes pour moi.

Heureusement, quand ça arrive, on me redonne du sang et d'autres liquides visqueux avec des gendarmes dedans, et les gendarmes reprennent leur place en ordre de bataille.

Le général de l'armée, avec plein d'étoiles et de décorations, c'est le docteur. Il commande les troupes, donne l'ordre des attaques, engage des gendarmes frais sur le champ de bataille, et leur donne les armes pour se battre.

À ses côtés, il y a Maman. Maman, c'est la colonelle ! Elle seconde le général, relaie les ordres, surveille qu'ils sont bien respectés, motive les troupes en tapotant de son ongle sur le petit tube en plastique dur et transparent où goutte le liquide des poches avant de couler dans mon bras. Et puis, deux fois par jour, matin et soir, on lui apporte une feuille pleine de chiffres et elle fait le bilan des pertes de chaque côté, tient le compte dans son petit cahier. Tous les jours elle guette, elle surveille. Elle me montre, me dit tu vois, il y a 1 000 gendarmes !

1 000, je lui dis avec des grands yeux…

Oui, 1 000, c'est beaucoup, mais ce n'est pas encore assez.

Il faut tenir bon jusqu'à 1 500. Alors là, tu verras, ce sera fini, tu sortiras d'aplasie et on pourra rentrer à la maison.

Alors je tiens bon, je surveille moi aussi mes gendarmes, je fais attention à ne pas attraper n'importe quoi, je chasse les voleurs qui se cachent dans mes jouets, dans mes vêtements.

Et quand on arrive à 1 500, on va voir le docteur avec Maman.

Le docteur me dit ça y est, tu es sortie d'aplasie.

Je lui dis oui. Même que j'ai pas fait de fièvre.

Je ris.

Je dis que j'ai gagné. Na.

Le docteur rit aussi, il me dit que oui, que j'ai gagné, c'est bien Anne-Lise. Et à part ça tout va bien ?

Je lui dis que les zaricots verts n'ont plus le même goût. Mais comme j'aime pas les zaricots verts, c'est pas grave.

Maman me regarde avec les gros yeux quand je dis ça. Le docteur me fait un clin d'œil et je ris encore.

Il me demande si d'autres aliments ont changé de goût.

Je réfléchis. Je ne sais pas. Enfin peut-être. Le chocolat, un peu. Peut-être. Mais c'est surtout les zaricots. Et la salade aussi, elle a un goût un peu comme du fer. Mais bon ça va. Je mange quand même.

Avec un bel appétit, précise Maman.

Le docteur note tout ça sur des papiers étalés devant lui.

Puis il me regarde moi, puis Maman, en haussant les sourcils : autre chose ? Des saignements ? Des fatigues ?

Maman hoche la tête l'air de dire : rien à signaler.

Alors il écrit encore quelque chose sur sa feuille devant lui, il dit quelques mots à Maman pendant que je me rhabille et puis, sur le pas de la porte : « À lundi, Anne-Lise, et bon week-end ! »

À peine avons-nous fait quelques pas dans la rue que les regards recommencent. Ces regards, ils ne s'arrêtent que quand je suis à l'hôpital. Tout le reste du temps, à l'école, au stade de foot, au centre aéré, chez le libraire ou le boulanger, j'y ai droit. Que ma tête soit couverte d'un bandana rouge, vert, violet, bleu ou rose, d'une casquette ou d'un bob, je les sens sur moi. Parfois, les passants me voient et ils changent de trottoir.

Papa s'énerve à chaque fois. Il leur lance un regard furieux. Parfois, ce sont des amis à lui, et il peste plus fort encore. Résultat, on ne les voit plus beaucoup, et quand on les croise par hasard dans la rue, ils sont toujours pressés.

Ce week-end, s'il fait beau, Papa et Maman m'ont promis qu'on irait à Authon, avec mes cousins. Je suis bien contente : ça fait longtemps que je ne les ai pas vus !

Je connais par cœur le chemin du retour à présent. Je connais tous les virages et presque tous les arbres. À chaque aller-retour, Maman et moi, on guette le moment où va passer Rognes. Chaque fois qu'on passe, je dis on est en Rognes ! à Maman et elle rigole. Juste à la sortie du village, il y a un chantier qui progresse à toute vitesse ! Une maison toute biscornue, avec une énorme piscine. Aujourd'hui, ils posent les tuiles sur le toit.

Puis on arrive à Cadenet, on tourne dans notre rue, je regarde intensément devant la maison : non. Sa voiture n'est pas là. Papa n'est pas encore rentré. Encore au travail. Maman grommelle quelque chose entre ses dents. Hier soir déjà, ils se sont disputés et Papa a dormi dans le salon. Le matin, quand je me suis réveillée, il y avait encore une couverture et un oreiller qui traînaient sur le divan.

Maman me dit va faire ta toilette, pendant que je prépare à manger. Je lui demande quoi, elle me dit en souriant des haricots verts, tiens, ça t'apprendra. Rien que pour m'embêter !

Quand Papa arrive, j'ai presque fini de manger. Je lui saute dans les bras. Son front soucieux aussitôt se lisse dans un sourire. Il me serre fort contre lui. Puis retire mes bras d'autour de son cou pour poser sa serviette et ôter sa veste.

Il entre dans la salle à manger. Il va vers Maman pour lui dire bonjour, elle se retourne d'un coup et demande : tu as faim ? puis sans attendre sa réponse elle s'en va dans la cuisine avec mon assiette vide.

Je vois les épaules de Papa qui tombent. Il s'assoit à côté de moi.

Alors, c'est fini cette aplasie ?

Oui.

Sans fièvre ?

Non !

Tout est silencieux : je m'aperçois que Maman a éteint la télévision quand Papa est arrivé.

Dis Papa ?

Oui, ma poupée ?

Tu crois que je pourrais avoir un petit frère ou une petite sœur, dis ?

Aujourd'hui, c'est le 29 mai. Et c'est mon anniversaire !

Eh oui !

Adieu 5 ans et demi !

J'ai 6 ans aujourd'hui.

Dans ma chambre, c'est la fête. Les infirmières ont tout préparé avec Maman : des guirlandes, des ballons, et même un gâteau ! Hier, Maman m'a promis que j'aurai plein de cadeaux. Seulement, je n'aurai pas le droit de les avoir pour l'instant. C'est trop dangereux. Bien sûr, je peux les voir : ils sont là-bas, de l'autre côté de la vitre qui sépare ma chambre du couloir : il y en a tout un tas ! Maman m'a promis que, sitôt ma greffe finie, je pourrai jouer avec. Elle m'a dit qu'il y avait plein de livres aussi. Ça, c'est chouette. Comme je sais lire maintenant, je vais pouvoir raconter des histoires à mes amis. À Romain ou à Angélique, par exemple. Je ne peux pas les voir parce qu'ils sont dans d'autres chambres de l'hôpital, mais je peux toujours leur téléphoner. On parle comme ça pendant des heures.

De toute façon, le plus beau cadeau pour mon anniversaire, c'est mon Papounet chéri. Il n'est pas allé au travail aujourd'hui et on passe toute la journée en famille. À l'hôpital, d'accord, mais tous ensemble quand même.

Une infirmière nous prend tous les trois en photo sur mon lit, avec l'un de ces appareils qui crachent les photos aussitôt après le petit oiseau. D'abord on ne voit rien, c'est tout blanc. Puis les contours se dessinent, les couleurs sont toutes douces. On attend que la photo apparaisse, lentement. Ça s'assombrit de plus en plus, et hop, on nous voit : Papa et Maman dans un drôle de pyjama bleu clair presque transparent et avec leurs masques sur le visage, et puis moi, avec mon grand sourire et ma couronne sur la tête.

Bien sûr, ils vont devoir sortir bientôt : ils n'ont pas le droit de rester plus d'un quart d'heure avec moi. Quand ils arrivent dans ma bulle de verre et de plastique, Papa et Maman n'ont pas la même odeur que d'habitude. Toujours cette odeur âcre de savon. C'est bizarre, mais c'est obligé : avant d'entrer, Papa et Maman doivent retirer tous leurs vêtements et se laver, une fois, deux fois, trois fois, bonjour les dégâts. La porte vitrée, c'est la limite à ne pas dépasser pour les voleurs, les frontières de mon territoire.

Ma chambre, c'est comme un château fort, avec pont-levis et donjon. Une vraie forteresse ! Imprenable, ma forteresse : les brigands ne rentreront jamais pour venir m'embêter. Et même s'ils rentrent, ils n'ont qu'à bien se tenir, j'ai de quoi les accueillir, avec mes tout nouveaux gendarmes !

De toute façon, aujourd'hui, rien de tout ça n'a d'importance. D'abord, parce que, sur la photo, on voit pas les odeurs. Et puis parce qu'ils sont là, avec moi. Je les vois. Même à travers la vitre, je les vois. Mon Papounet raconte des bêtises, on rigole, on joue ensemble au Puissance 4 ou à la bataille navale – je fais équipe avec Papa contre Maman ! Ça me fait plaisir de les voir sourire. Pendant qu'ils sont là, Papy et Mamie m'appellent, et puis quelques amis de Papa et Maman, pour me souhaiter un bon anniversaire. Papa et Maman m'ont aussi apporté des cartes postales. J'en trouve une de la part de ma maîtresse. Une autre de l'équipe de foot. Les parents de Delphine, eux aussi, m'ont écrit pour me souhaiter un joyeux anniversaire. Delphine, elle, elle n'a pas pu venir. Maman m'a dit qu'elle était partie en voyage. Mais elle ment. Moi, je sais. Je sais bien ce qui est arrivé à Delphine. Je sais qu'elle est morte. Maman ne veut pas me le dire comme ça, parce qu'elle a peur que je ne comprenne pas. Ou que j'aie peur. Mais je comprends, moi. Je comprends très bien.

Delphine aurait dû être ici aussi. Avec nous. Avec Romain, Angélique et moi, pour faire une greffe. Mais les voleurs qui étaient en elle ont gagné avant de pouvoir commencer. On nous a retiré tous nos gendarmes pour nous en redonner des tout nouveaux tout beaux, et c'est à ce moment-là que les voleurs l'ont attaquée, par surprise. Les gendarmes ont perdu et elle est partie.

Alors je garde la carte postale de ses parents. Je la garde sur ma table de nuit, pour continuer à parler avec Delphine. Je lui parle encore des beaux yeux de Romain, dont elle était amoureuse elle aussi. Et des cadeaux que m'ont faits mes parents.

Moi, c'est la semaine dernière qu'on m'a donné mes nouveaux gendarmes. Je me souviens de mon Papa qui essayait de m'expliquer comment ça marche. J'aime beaucoup mon Papounet chéri, mais je trouve que Maman explique beaucoup mieux les histoires de gendarmes et de voleurs.

Parce que, cette fois-ci, c'est encore plus compliqué que d'habitude : ce sont mes propres gendarmes qu'on m'a pris (même que ça fait super mal), puis qu'on m'a redonnés, après les avoir gonflés à bloc comme des footballeurs surentraînés. Quand je les ai vus revenir, pourtant, ils ressemblaient aux gendarmes de d'habitude : c'était une poche de liquide transparent, qu'on a fait couler dans mon bras, par la même piqûre que d'habitude. Maman était là, comme d'habitude, de l'autre côté de la vitre. Je me souviens de son regard inquiet vers la perfusion. Plus inquiet que d'habitude.

Depuis, tous les matins et tous les soirs, elle note plus anxieusement encore qu'avant le bilan de la bataille quotidienne. Les premiers jours, les chiffres étaient très mauvais, mais le docteur disait que c'était normal. Alors elle attend. Et moi avec elle. En essayant de la dérider de temps en temps.

Aujourd'hui, pas besoin de la dérider. Papa est là pour ça !

De ma chambre, je les regarde à travers la vitre ouvrir un à un mes cadeaux. Au début, ils ne voulaient pas, ils ne voulaient pas que je sois triste de ne pas pouvoir jouer avec tout de suite. Mais moi je voulais. Je voulais qu'on soit tous ensemble pour les ouvrir. Je voulais qu'ils voient sur mon visage mes sourires, qu'ils entendent mes cris de joie. Sinon ce serait pas la fête.

Puis les infirmières m'apportent le gâteau. Fait exprès pour moi !

Je souffle les bougies (encore une photo) et puis on me donne ma part.

Je prends une grosse bouchée…

Beurk.

Je dois faire une drôle de tête parce que tout le monde rigole !

Plus jamais. Je ne mangerai plus jamais de gâteau de riz de ma vie. C'est trop dégueu.

Papa me dit que c'est un volcan.

Un volcan ! Mais… mais alors il peut exploser, avec de la lave partout ?

Non. Il est vieux, me rassure-t-il. Il est éteint depuis des milliers d'années.

Comment ça s'éteint un volcan ? Comme la lumière ?

Papa me regarde étonné : ça s'éteint quand il n'y a plus de lave.

Dis… Il a un cratère, ce volcan ? La maîtresse, elle dit que les volcans, ils ont des cratères.

Oui, il a un cratère. Et même plusieurs. Regarde, ils sont là-haut. Papa me montre la montagne au loin derrière nous. Si tu veux, on ira les voir.

Oh oui !

En attendant, tu viens te baigner ?

Ben oui, ça fait une heure que je t'attends.

Il me prend la main et nous nous élançons vers l'eau. Quand on est dedans, il me saisit par la taille et me jette devant lui. Plouf ! Heureusement que j'ai mes bouées…

Je regarde la plage. Je n'en ai jamais vu de pareille. Même à Cassis !

Le sable est si blanc que je suis obligée de mettre mes lunettes de soleil pour le regarder. Et l'eau est turquoise, comme dans la Petite Sirène. Et puis il y a des cocotiers. Il fait chaud. Alors que c'est Noël ! C'est tout drôle d'être en maillot de bain toute la journée pendant Noël ! Papa Noël, il doit avoir très chaud avec son gros manteau rouge et blanc.

Quand Papa nous a annoncé qu'on allait passer Noël chez Maurice, je me suis demandé qui c'était. Je ne le connais pas, moi, Maurice. Et puis c'était la première fois que Papa en parlait.

Maman a dit : tu es sûr ? Tu crois que c'est bien raisonnable ? Ta fille a encore des traitements non ? Tu crois qu'ils ont des hôpitaux là-bas ?

Mais oui. D'ailleurs le docteur dit qu'il n'y a pas de problème, tu verras, ça nous fera du bien.

Comme Papa avait l'air d'avoir envie d'y aller chez Maurice. J'ai dit à Maman : oh oui, oh oui, dis Maman, viens, on va chez Maurice. Tous ensemble.

Elle m'a regardé, elle a rigolé. Et puis elle a dit d'accord.

Pour y aller, on a pris l'avion. Un gros. Même qu'il y avait un grand écran dedans et une dame tout de bleu vêtue m'a dit qu'on avait prévu un dessin animé de Lucky Luke, pour les enfants. Le problème, c'est que j'étais si fatiguée que je me suis endormie avant même que le film commence. Quand je me suis réveillée, Maman m'a dit regarde et elle a ouvert le hublot : il faisait grand jour et il y avait la mer sous nous, avec une grande tache noire pas très loin.

Regarde, c'est Madagascar.

Je n'étais pas très réveillée. J'ai regardé longtemps Madagascar s'éloigner loin derrière l'aile de l'avion.

Puis il y a eu le petit déjeuner, il y a eu la Réunion, et on a atterri. Enfin.

On fait les fous tous les jours chez Maurice. On se promène dans le volcan, on mange des fruits de toutes les couleurs, on fait des châteaux de sable, on se baigne, l'eau est super chaude, même le matin ! Papa finit de m'apprendre à nager. Il me dit que c'est presque ça et que, après la brasse, il m'apprendra le crawl... Je serai la nageuse la plus rapide du monde !

Hier, c'était Noël. J'ai eu des tas de cadeaux : des petits Babies pour jouer, une belle peluche de dauphin, comme ceux qu'on a vus quand on est allé faire un tour en bateau, et une bande dessinée de Lucky Luke parce que j'ai raté le film dans l'avion.

Et puis on a bien mangé. Un peu trop même. Je crois que ça a rendu Maman malade : elle vomit. Je lui dis qu'elle est toute pâlotte. J'espère qu'elle n'a pas des voleurs en elle, elle aussi.

Sinon, je lui donnerai quelques-uns de mes gendarmes. Les miens, ils ont l'habitude de courir après les voleurs, maintenant... Ils sont trop forts !

Tiens… Tu veux une sucette ? J'en ai plein.

C'est un nouveau. Il vient d'arriver.

C'est la première fois que je le vois, en tout cas. Et il a tous ses cheveux : c'est un signe.

C'est un petit, il doit avoir 4-5 ans. Sa chimio le brûle, je le vois. Il ne dit rien, mais sa bouche est un peu tirée, ses yeux froncés, son front plissé. Il aimerait se gratter, mais sa Maman lui tient la main pour ne pas qu'il touche à la perfusion.

J'arrive, je me plante devant lui, et lui, il me regarde d'un drôle d'air. À croire que je lui fais peur !

Je lui tends l'une des sucettes que Papa m'a données hier. Il regarde sa Maman qui hoche la tête. Il prend la sucette, la tend à sa Maman qui en défait le plastique, et il l'enfourne dans sa bouche. Son visage se détend. Il sourirait presque en me regardant. Il a encore mal, ça se voit, mais il y pense moins.

Aujourd'hui, il n'y a que nous deux. Lui et moi.

Je lui demande s'il veut jouer avec ma Gameboy. Il fait un petit oui de la tête. Il n'a toujours pas dit un mot. Sa Maman qui est toujours à côté de lui lui lâche la main et lui dit Julien, qu'est-ce qu'on dit ?

Et Julien me dit merci en souriant un peu.

Il me prend timidement la console des mains et commence à jouer.

Je ne sais pas s'il y a déjà joué, mais il est très fort ! Au bout de trois minutes, il a déjà tué le premier gros monstre !

Maman vient s'asseoir à côté de nous et commence à discuter avec la Maman de Julien.

Moi, je reste à côté de lui et je lui dis : vas-y, saute, là, en bas, saute encore, c'est par là, attention, lui il est méchant, ouais, tu l'as eu. Il s'en sort très bien, il n'a pas besoin de moi. C'est presque beau, comme il joue ! Je reste à côté de lui à le regarder.

Au bout d'un moment, Julien a l'air fatigué. Il bâille, il cligne des yeux, s'échine en baissant la tête vers l'écran, j'ai l'impression que sa tête est prête à rouler sur ses épaules. Ses doigts vont moins vite sur les boutons. Sur l'écran, le petit bonhomme se prend un cactus. Il perd une vie. C'est pas grave, Julien en a gagné huit depuis le début, sans en perdre une seule. Mais il va devoir recommencer au début du monde. Julien s'arrête, lève la tête vers moi, et me tend la console en murmurant un merci.

Pas très bavard, ce garçon. A-t-il encore peur ? En tout cas, il est fatigué : j'ai envie de le prendre dans mes bras et de le bercer jusqu'à ce qu'il s'endorme.

Moi, j'aimerais bien lui dire que tout ira bien. Je n'ose pas. Je n'en sais rien. Je vois bien que, à chaque fois que je reviens ici, à la Timone, le nombre de ceux que je croisais dans les premiers mois ne fait que diminuer. Évidemment, il y a des nouveaux, mais ce n'est pas la même chose. Le mois dernier, c'était au tour d'Angélique : elle est allée rejoindre Delphine. C'est triste. On s'amusait bien, toutes les trois.

La première fois que j'ai vu Angélique, c'était un peu comme ça. Comme avec Julien. Elle était timide, ne disait presque rien. Je suis allée la voir, je lui ai demandé si elle voulait jouer avec moi : j'avais quatre Barbie que m'avait offertes mon Papa et on a joué avec toute la matinée, pendant que notre chimio passait. Et puis je lui ai donné deux des Barbie qu'elle avait l'air d'aimer beaucoup. Le soir, Maman a raconté ça à Papa, et Papa a beaucoup rigolé. Ça l'amuse beaucoup de voir que je donne tous mes jouets à mes amis. Moi, je vois pas ce qu'il y a de drôle. Comme ça, on peut tous jouer, et ça leur fait tellement plaisir ! À chaque fois qu'on fait la chimio ensemble, nos poupées se retrouvent. Nos Mamans aussi d'ailleurs. Et pendant qu'on joue, nos Mamans jouent de leur côté. Elles parlent gendarmes et voleurs, batailles et victoires. Chacun son truc. Moi, pendant la chimio, je préfère les poupées. Ou la Gameboy.

Julien regarde sa Maman qui discute avec ma Maman. Il n'a pas l'air bien. Je crois bien qu'il va vomir. Je cours jusque dans le couloir, aussi vite que me le permet ma perfusion, et j'appelle Hilda. Hilda, elle saura quoi faire. Quand elle arrive, Julien a déjà commencé à vomir.

Pendant qu'elle s'occupe de lui, Hilda me regarde, me dit merci. Mais que je vais devoir attendre un peu avant de rejouer avec Julien.

Bon, demain, je lui apporterai un autre jeu : l'Île de l'Aventure. On verra s'il est si fort que ça !

Il est minuscule, il ouvre à peine les yeux, il a le nez tout enfoncé dans le visage, et le visage engoncé dans sa combinaison jaune. Mais qu'il est beau !

Il est arrivé hier, le 9 septembre, et je ne peux détacher mes yeux de ce petit bout de chair qui bouge à peine. Ça me fascine. Maman dit que je suis hypnotisée.

C'est un bébé. Un vrai de vrai bébé ! C'est autre chose que mes poupées poupons...

C'est mon Papa qui m'a emmenée à l'hôpital. C'est pas le même hôpital que d'habitude. Il est plus petit et beaucoup plus près de la maison. En un quart d'heure on y est ! J'aime bien cet hôpital. Il ne sent pas pareil, on ne me fait pas de piqûre, et puis il n'y a que des bébés partout. Adorables et mignons.

Mais c'est mon petit frère le plus beau !

Tout à l'heure, quand je suis entrée, il dormait, et Maman aussi. Papa m'a fait signe de ne pas faire de bruit pour ne pas les réveiller. Puis il m'a montré, dans un lit minuscule, ce bébé minuscule. Il a l'air si fragile avec ses tout petits doigts et son tout petit corps sous sa tête qui ressemble à une grosse boule.

Papa le prend très délicatement dans ses bras puis l'approche de moi et me dit, voilà, c'est Gabin, ton petit frère. Un instant, j'ai peur, je ne veux pas l'abîmer.

Papa me dit, vas-y, tout doucement, fais-lui un petit bisou.

Tout doucement, j'approche ma main de la sienne, je la caresse – ouh, c'est tout chaud, c'est tout petit, j'en reviens pas. Et puis je tends les lèvres et lui fais un petit bisou sur la joue. Il tourne un peu la tête. Je m'écarte d'un bond, Papa rit doucement. N'aie pas peur, il a senti que c'était toi et comme il t'aime beaucoup, il veut un autre bisou.

Je lui donne un autre bisou, puis Papa repose mon petit frère, mon petit frère adorable, adoré, si mignon, si beau, si fort, que j'aime plus que tout, Papa repose mon petit frère dans son lit minuscule.

J'ai presque l'impression qu'il sourit, qu'il sourit du bonheur d'être avec nous, de faire partie de la tribu. Je me souviens du ventre de Maman qui s'est arrondi il y a quelques mois, et moi qui ne comprenais pas, qui demandais à Papa ce qui se passait. Et puis le soir, quand Papa et Maman venaient me dire bonne nuit dans mon lit, et que Papa nous prenait dans ses bras, Maman d'un côté, moi de l'autre, un livre ouvert sur les genoux, il nous racontait des histoires, des histoires de Babar, des histoires de Sissy, des histoires de princesses, et d'un coup, Maman a eu comme un sursaut, elle s'est redressée et elle nous a dit de mettre nos mains sur son ventre, et là, on a senti un tout petit pied. Un peu plus tard, il y avait une autre bosse, Maman m'a dit que c'étaient les fesses qu'on voyait, que c'étaient les fesses du nouveau bébé qui faisaient une bosse comme ça, mais c'est pas possible, ou alors ses fesses sont vraiment minuscules ! Rien que pour faire rigoler Maman, j'ai fait un bisou juste sur la bosse : je lui ai fait un bisou sur les fesses. Puis j'ai mis mes bras autour de son gros ventre et je lui ai dit que je l'aimais. C'était tout chaud. La bosse a disparu et une autre a réapparu de l'autre côté du ventre. Sa tête peut-être ?

En tout cas, il bougeait vachement plus quand il était dans le ventre de Maman, parce que là, tout de suite, il ne bouge pas du tout. On voit son ventre qui se gonfle et se dégonfle très vite. C'est tout.

Avec Papa, on n'avait pas fait beaucoup de bruit mais Maman s'est réveillée quand même. J'entends sa voix toute douce qui me dit bonjour ma chérie, ça va toi ? Moi ça va bien et je me précipite dans les bras de Maman et lui fais plein de bisous partout en lui disant qu'il est beau, qu'il est beau.

Elle me dit chut, pas si fort, tu vas réveiller ton frère. Je me tais aussitôt et retourne voir Gabin. Il dort.

Il dort comme un ange. Il respire vite, il est tout neuf.

Je rêve un bref instant de ces moments où je pourrai le protéger dans la cour de récré, où je pourrai clamer fièrement devant mes copines : c'est mon frère, vous avez vu comme il est beau, vous avez vu comme il est fort ?

Je lui fais de nouveau un bisou, très léger, pour ne pas le déranger. Ses yeux sont fermés et pourtant j'ai l'impression qu'il les cligne, comme pour les fermer plus encore.

Je vois Papa qui lui a pris délicatement la main et la porte à sa joue, en se penchant tout près. Je fais comme lui, avec l'autre main, et les minuscules petits doigts se referment autour des miens, avec une force incroyable.

Sifflet. Contraction, impulsion, accélération. Mes crampons s'enfoncent dans l'herbe tendre. C'est parti, une foulée après l'autre, je cours vers l'avant, le ballon est de l'autre côté du terrain, dans les pieds de Bastien qui le pousse devant lui. Je le guette du coin de l'œil. Un soleil frais et printanier chauffe mes épaules tandis que l'humidité de l'air fouette mes mollets nus. Je cours, plus vite encore, je me place, la ligne est claire : de Bastien à moi, le terrain est vide, et de moi aux cages adverses, seul le goal s'interpose, un peu à l'écart, très avancé dans la surface. C'est l'occasion idéale pour égaliser. J'entends le bruit sourd de la passe de Bastien, le ballon plane un moment pour atterrir à deux mètres de moi : trois foulées, contrôle, pied gauche, pied droit, petit écart vers la gauche pour feinter le défenseur qui court vers moi, grande inspiration, shoot !

Ça sent bon l'herbe fraîchement coupée et la terre humide, une petite brise légère fait sécher la sueur sur mon front, je suis toute à mon plaisir : plaisir de courir, plaisir du grand air, plaisir de se dépasser et d'être tous ensemble unis vers le but et la victoire.

Libre, enfin !

Quel plaisir de ne plus être l'objet de constantes inquiétudes !

Ce moment, je l'ai attendu. Si longtemps, je l'ai attendu. Si longtemps, avant de refaire du foot. Plus de trois ans… une éternité, quoi !

Trois années de soins attentifs et précautionneux, trois années où tout le monde m'a traitée comme si j'étais en porcelaine ou en cristal, trois années où le regard de l'autre m'a sans relâche enfermée dans la maladie, et trois années où mes parents n'ont cessé de craindre une nouvelle agression de voleurs sournois, trois années où personne n'a jamais osé me brusquer, me presser, où on me disait constamment de ne pas y aller trop fort. Trois longues années pendant lesquelles tout, promenade, chemin de l'école, vacances, bain de mer, sortie au jardin d'enfants ou au restaurant, tour de manège ou bac à sable, était sujet à inquiétudes et panique. Trois années interminables pendant lesquelles chaque sortie – quand j'avais le droit de sortir – me voyait systématiquement emmitouflée, même en plein été : petite laine, cache-nez, bandana, moufles et bottes.

Bref, trois années d'immobilité. Et puis, un jour enfin, le docteur m'a regardée avec de grands yeux réjouis sous un front presque lisse, comme s'il était étonné lui-même de ce qu'il allait dire, et puis il a dit que ça y était, j'étais en rémission, et là mes parents, j'ai eu l'impression qu'un poids se soulevait de leurs épaules et j'ai su que j'avais enfin le droit de faire du vélo, ou même du bateau. D'accord, j'ai toujours pas le droit au karaté ou au judo, le foot au moins, ça oui ! j'y ai droit. J'en fais depuis que je suis toute petite. J'ai toujours eu envie d'en faire. Depuis la première fois que j'ai vu Serge envoyer, d'un coup de pied sûr et bien ajusté, le ballon jusqu'au fond du filet, avec légèreté et élégance. C'est mon Papa qui m'a appris au début. Il m'a appris à shooter et à dribbler dans le jardin de la maison. Je me souviens que je m'amusais à tirer au but entre ses jambes – et il tombait les fesses par terre pour essayer d'arrêter le ballon : et hop ! 5-0 pour moi ! C'est moi la plus forte.

Depuis un an, je tanne Papa et Maman de me laisser faire. Depuis la fin de ma greffe au moins ! Mais ils me disaient toujours qu'il fallait attendre. Alors quand, après ces trois longues années d'enfermement, le docteur a enfin lâché ces trois syllabes, « ré-mi-ssion », je ne me suis plus sentie de joie : à moi, les terrains de foot ! À moi les dribbles et les passes, les corners et les tirs au but. Ils vont voir de quel bois je me chauffe !

Le goal s'est jeté sur le côté pour parer mon tir, le ballon rebondit sur sa main pour revenir vers moi. Ça m'a laissée le temps de m'approcher des cages. Il est à terre, ne peut plus rien, je reprends le ballon, contrôle, et hop, dans la lucarne !

En quelques secondes, tous les garçons de l'équipe m'entourent, me soulèvent. Avec mes cheveux encore bien courts, on pourrait presque me confondre avec eux ! Je suis la seule fille, mais je sais me défendre. Je sais mettre un ballon dans des cages et mes talents ont vite fait taire ceux qui parmi eux ne voulaient pas jouer avec une fille. Mes talents et mon sens de la repartie. Et puis, sans doute, mes formes naissantes : je vois bien certains de leurs regards. Que les garçons sont bêtes ! Aucun n'a le courage de me dire que je lui plais. Ils en sont encore à cet âge où ils croient que c'est honteux. Ça m'amuse beaucoup.

En attendant qu'ils grandissent, rien ne nous empêche de gagner des championnats. Enfin, on n'en est pas encore là. Il s'agit d'abord de gagner ce match.

Un partout. Balle au centre.

Sifflet.

On vérifie.

Tout est prêt : serviette, gant, savon, couche…

Et hop !

On pose la petite Charlotte sur la table à langer.

Et hop !

On défait les boutons-pressions, non sans quelques chatouilles au passage, pour faire rigoler l'adorable bébé.

Et hop !

On enlève une jambe du bébé de la petite robe, puis une deuxième jambe, un bras du maillot de corps, l'autre. Oh ! Le beau bébé tout nu que voilà. Enfin presque. Reste à enlever la couche. Presque propre, d'ailleurs – ouf.

Et hop !

Gabin surgit d'un coup dans la salle de bains. Et moi ? Et moi ? Et mon bain à moi ? On dit à Gabin d'attendre un peu, de se calmer, qu'on lui donnera son bain – le bain de Gabin – juste après celui de Charlotte. Il trépigne un peu. Il veut qu'on s'occupe de lui, le beau Gabin. Il jette un regard jaloux sur sa petite sœur et s'en va bouder avec ses jouets – en faisant le plus de bruit possible.

Le thermomètre : Parfait. On dit comme Maman : « Parfait. »

Et hop !

On met le bébé dans l'eau, on l'éclabousse de quelques gouttes, son visage se fend d'un énorme sourire, Charlotte rit, on voit presque sa cinquième dent qui pointe.

Continuer le bain, savonner, frotter. Charlotte lève un bras, lève l'autre, donne son dos, ses pieds, l'un après l'autre. On en profite encore pour chiper chatouilles et bisous.

Et hop, on rince ! Et Charlotte joue elle aussi, elle donne de petits coups dans l'eau pour m'éclabousser. Ah ! la coquine ! Si c'est comme ça, et hop ! moi aussi, je l'arrose !

On s'est déjà lavé après le foot cet après-midi, mais c'est pas grave, on a prévu le coup, on se rechangera après. C'est trop rigolo de jouer avec bébé.

Et hop ! On sort le beau bébé de l'eau du bain – ne pas jeter le premier avec le deuxième, comme dit Maman.

Et hop ! Poser le tout sur la serviette et sécher minutieusement, petites jambes, petits bras, petites fesses…

Maman, elle dit qu'il faut faire attention quand on sèche le bébé : n'oublier aucun recoin. Alors on tourne et retourne bébé pour ne rien manquer.

Et hop et hop et hop – chaque hop s'accompagne d'un petit gloussement : elle aime ça ! Alors on continue.

Et hop ! Prendre une couche, soulever bébé par les pieds jusqu'à ce que les fesses soient en l'air – elle se tortille en rigolant –, on étale la couche sous elle, on la dépose dessus.

Et hop ! Le tour est joué.

On nettoie rapidement le visage et on se rapproche,

on met le nez sur son nez en faisant brrrrrr à travers les lèvres fermées. On rigole encore un coup.

On dit à Gabin qui tape du pied sur le seuil de la salle de bains d'arrêter ses caprices, qu'il n'a qu'à se laver les dents, en attendant.

Et hop ! le babigros – on sait pas pourquoi Maman dit comme ça, Charlotte n'est pas grosse, mais Maman dit comme ça, alors on dit comme ça aussi.

Prendre Charlotte dans ses bras, l'emmener dans son jardin d'enfant, en attendant de laver Gabin. Faut tout faire soi-même dans cette maison ! Les parents ne sont pas là ce soir, je leur ai dit qu'il n'y avait pas de problème, que je m'occupais de tout, alors ils sont allés à leur dîner sans se soucier de rien... Ils ont dit, on te fait confiance, m'ont fait un bisou, et hop, ils sont partis.

Heureusement, Gabin est déjà en train de se laver sagement les dents.

Aller hop, le beau Gabin : au bain ! Et au lit !

C'est sucré.

Un peu, pas trop.

Comme un goût de chocolat.

Ça doit être le gâteau de Maman qu'on a mangé à quatre heures.

Un petit goût de revenez-y en cette fin d'après-midi.

Ça me trottait dans la tête depuis quelque temps. J'en avais parlé à mes copines au collège, j'en avais parlé à mon journal intime et on était tous d'accord : c'est aujourd'hui que je passe à l'action. C'est pour ça que je l'ai invité à passer l'après-midi avec moi. J'ai aussi invité Laure et Héloïse. Et Bastien aussi. Pour pas que ce soit trop louche, trop téléphoné. Ne restait donc qu'un seul et unique problème, mais de taille : quand exactement. Et comment.

Ils sont tous arrivés en début d'après-midi et on a fait les fous dans le jardin ensoleillé. Dès qu'on pouvait, avec Miles, on se touchait la main, on faisait quelques pas de danse ensemble. Une fois, même, on s'est pris dans nos bras, au hasard d'un jeu de chat perché : nous étions tous les deux perchés au même endroit et il m'a retenue pour que je ne tombe pas quand Bastien, qui faisait le chat, est passé à côté de nous.

Et puis on a goûté, Maman avait préparé son gâteau au chocolat. Celui des anniversaires, même si c'est pas mon anniversaire. Et puis on est monté jouer à des jeux de société dans ma chambre. Le père d'Héloïse est venu la chercher alors qu'on n'avait pas encore fini. Puis ça a été le tour de Bastien. Un peu plus tard, Laure est sortie un moment de la chambre pour aller aux toilettes. Elle m'a fait un clin d'œil en refermant la porte. C'est le moment.

Miles et moi, on est resté à discuter encore un peu du jeu. Puis un peu de foot. Et puis il y a eu un petit silence gêné. On était assis côte à côte, le dos appuyé au bord de mon lit, le plateau du jeu étalé devant nous.

« C'est moi qui vais gagner, je lui dis. Tu vas voir !

— Pas si sûr… »

(Silence.)

« Et, dis-moi, Miles, pourquoi tu t'appelles Miles ?

— Ben, c'est à cause de Miles Davis. C'est un trompettiste de jazz : mes parents aiment beaucoup le jazz. »

(Nouveau silence.)

« Tu veux qu'on s'embrasse ? »

Il n'a même pas eu l'air étonné, il a juste répondu oui.

J'avais un peu peur, je crois que je tremblais un peu. Ma main tremblait, en tout cas, celle qui était posée entre nous, la main sur laquelle je m'appuyais, tremblait un peu. Et mon coude aussi. Je n'ai pas réfléchi : je me suis penchée, et c'est moi qui l'ai embrassé, d'autorité.

Un petit bisou. Nos lèvres se sont pressées les unes contre les autres. Les siennes étaient un peu sèches. Ça n'a pas duré très longtemps.

On a fait smack en même temps avec nos lèvres, puis on s'est séparé et je me suis redressée. On s'était à peine touché. Juste les lèvres. Même nos mains étaient restées immobiles, à leurs places.

« C'était comment ? »

Je chuchote.

« Pas mal, et toi ? »

Lui aussi chuchote, comme si on était seul au monde et en même temps espionné de partout.

« Tu veux réessayer ?

— Oui. »

Je me penche à nouveau. Il me dit : attends. Il mouille ses lèvres avec la pointe de sa langue, et on réessaye. Comme dans les films cette fois. D'abord un frôlement doux, léger, puis nos deux bouches pressées l'une contre l'autre. Et c'est là que je sens son goût chocolat.

C'est mieux, en effet. Ses lèvres sont douces. Je n'ose pas respirer, je retiens mon souffle. Ça ne dure pas longtemps non plus. À peine on a fini que la porte s'ouvre et Laure rentre, claironnante. On se redresse brusquement. Laure le remarque. Et elle se fout de nous : « Oh les amoureux ! Aller, encore ! Un smack ! Encore ! »

Nous on n'ose plus se regarder. Je fusille Laure du regard.

La partie est oubliée : la sonnette retentit à nouveau. C'est la mère de Miles.

Je reste seule avec Laure. Elle me demande de raconter.

« T'as mis la langue ?

— Ben… non. Fallait ?

— Bah ouais ! »

Laure, elle aime bien jouer aux grandes comme ça, mais moi je sais, en vrai, qu'elle n'a jamais embrassé un garçon. Avec ou sans la langue.

Alors que moi, si. Et j'ai encore sur les lèvres le petit goût sucré de Miles.

Quand la prof a commencé à en parler, je n'ai rien dit. J'ai écouté, c'est tout. Et puis, un moment, elle n'a pas su répondre à une question sur pourquoi la chimio fait tomber les cheveux. Alors, je sais pas pourquoi, j'ai levé la main. J'ai eu soudain une pulsion de tout leur raconter. Leur raconter ce que c'est que la chimio. Ce que c'est que tout ça, la maladie. Que c'est vrai, que ça arrive vraiment à des vrais gens.

La prof a hoché la tête dans ma direction, et puis c'est sorti tout seul, une réponse toute simple, comme si elle m'avait interrogée : « La chimio, c'est un poison pour les cellules cancéreuses. Comme tous les poisons, elle tue parfois d'autres choses que sa cible, elle ne fait pas dans le détail. »

Ça a fait l'effet d'un coup de tonnerre dans la classe. Le silence s'est fait. Absolu. À couper au couteau. Tout le monde m'a regardée. J'avais oublié ces regards-là.

La prof aussi m'a regardée. Je me suis dit qu'elle avait tout deviné. Les autres aussi, c'est sûr. J'aurais aimé rentrer dans la terre. Déjà qu'à chaque fois que j'ouvre la bouche, dans mon nouveau collège de banlieue parisienne, mon accent provençal jure et déclenche quelques rires idiots. Je n'avais vraiment pas besoin de ça.

Je suis restée un moment pétrifiée, muette. Et puis quelqu'un a posé une autre question sur le cancer du poumon et les greffes – et le cours a repris normalement.

J'ai fait ouf intérieurement.

À la fin du cours, la prof m'a demandé de rester. Quand tout le monde est sorti, je l'ai regardée sans rien dire. Elle avait l'air gênée, ne savait comment s'y prendre. Alors c'est moi qui ai parlé, l'air de rien.

« Vous vouliez me voir ? Est-ce que j'ai fait quelque chose de mal ? »

Je l'aime bien, cette prof. Elle est jeune, elle est sympa. Elle nous fait faire des expériences marrantes avec de la cire et de l'eau, et une autre fois avec des oignons et des gâteaux.

« Je voulais vous demander… (elle hésite encore…) Comment savez-vous ça sur la chimio ? Est-ce que l'un de vos… (je la vois espérer un bref instant…) grands-parents ?… »

Je hoche la tête négativement.

« Vos parents alors ? »

Elle a dans la voix comme une pointe de sollicitude qui me touche.

« Non : moi. »

Elle ne dit rien mais je vois ses lèvres qui forment un merde silencieux.

Je ne veux pas la laisser dans l'embarras. Je lui balance tout, très vite : leucémie 5 ans et demi chimio autogreffe vais bien depuis.

Elle ne dit toujours rien. J'aime ça. J'aime qu'elle ne cache pas son désarroi et qu'elle n'essaie pas de me noyer dans un océan de commisération.

Alors, je ne sais pourquoi, je m'entends lui proposer : « Si vous voulez, je peux faire un exposé ? »

Un temps.

« Sur la leucémie ? »

Maintenant que je suis lancée, je ne peux plus reculer : « Oui, si ça vous va. La leucémie, les traitements, ce qui m'est arrivé. »

Elle bredouille à présent : « Oui, c'est une bonne idée, si vous vous sentez de le faire.

— Ben, je lui réponds, faudra peut-être que vous m'aidiez parce que je ne me rappelle que les histoires que me racontait ma mère pour m'expliquer, je n'ai aucune idée de la vérité médicale, moi. »

Elle me dit OK, merci. On dirait que les rôles sont inversés : que c'est moi la prof et elle, l'élève.

Quand je rentre à la maison, Maman vient d'arriver avec Gabin.

Quand elle me voit, elle devine que quelque chose ne va pas. Je lui raconte. Elle ne fait aucun commentaire.

Un peu plus tard, elle me dit : « Si tu veux, on a des livres là-dessus, des livres qu'on a achetés à l'époque. Pour comprendre un peu ce qui se passait. Ça peut t'aider. »

C'est alors que je lui ai dit : « Je ne sais pas ce qui m'a pris. À la fois j'ai envie de le faire, et en même temps, je n'ai pas du tout envie de redevenir cette fille-là, avec ce poids-là sur mes épaules. Tu aurais vu comment ils me regardaient ! J'avais presque oublié ce que c'était… »

Maman se retourne vers moi, comme pour me dire quelque chose, mais elle ne dit rien. Je la regarde. Nous

nous regardons ainsi pendant de longues secondes pendant que Gabin roule sur sa petite voiture entre nous en faisant vroum.

« Tu sais ?

— Oui, Maman ?

— Les gens n'y connaissent rien à cette maladie. Et ils ont peur de ce qu'ils ne connaissent pas. Je pense que c'est une bonne idée que tu as eue de faire cet exposé. Bien sûr, c'est pas la peine de te forcer, mais c'est une très bonne idée. Si ça fait changer, rien qu'un peu, la manière qu'ont tes camarades de voir le cancer, ce sera toujours quelque chose. »

Je réfléchis. C'est pas bête : comme ça, ils arrêteront peut-être de me regarder avec leurs yeux de merlans frits.

« Tu te rappelles, quand tu es tombée malade, ces amis qu'on ne voyait plus et contre qui ton père s'énervait constamment ?

— Oui.

— Ils étaient allés consulter un médecin pour être sûrs de ne pas avoir attrapé un cancer à cause de toi. Ils pensaient que tu les avais contaminés. Et même après avoir vu leurs médecins, ils nous ont évités. Alors ton père les a traités de cons et on a arrêté de les voir. »

Je reste sans voix. Tant de choses qui s'expliquent d'un coup. Bien sûr, je me doutais de quelque chose comme ça, mais quand même, à ce point. J'aimerais demander qui exactement, mais je me rends vite compte que ça ne vaut pas le coup.

Et tout à coup, je me prends à penser à ce fameux exposé. Et mon problème n'est plus de le faire ou de ne pas le faire, mais : par où commencer ?

Ras le bol d'être petite.

Ras le bol.

Dans ma classe, je suis presque la plus petite. L'autre, la vraie plus petite, elle a deux ans d'avance, alors forcément. Mais quand, à mon âge, certains garçons, et même certaines filles, font déjà un mètre quatre-vingts, alors merde alors, fait chier d'être ras de terre. Et au foot, n'en parlons même pas. Une vraie rase-mottes, oui ! Heureusement que je suis vive, sinon je passerais tous mes matchs sur le banc des remplaçants.

Quand t'es petite, tout le monde t'ignore. Les gens dans la rue te bousculent sans te voir, s'excusent à peine, les garçons ne te regardent pas. Heureusement que j'ai pas ma langue dans ma poche, sinon j'aurais l'impression de ne pas exister, tellement je suis petite. Minus. Même les filles les plus bêtes du collège me regardent de haut.

Alors, bien sûr, Maman me dit : « Mieux vaut être petite et bien portante que grande et malade... » Gnagnagna... et puis quoi encore...

Le pire c'est que c'est à cause de la leucémie. Et moi qui pensais qu'on en avait fini et bien fini avec cette histoire.

L'an dernier, on est allé à la Timone pour faire mon examen annuel et le docteur a dit que mon âge osseux ne correspondait pas à mon âge véritable. Ça me fait une belle jambe ! C'est juste une manière compliquée de dire que je suis petite, de masquer ça sous un charabia médical fumeux. Pas besoin d'être médecin pour le remarquer !

Pour faire passer la pilule, il nous a expliqué que c'était très courant chez les enfants qui ont été gravement malades. Ben ça me fait une deuxième belle jambe. Comme si c'était pas déjà suffisamment chiant, la leucémie, faut que ça fasse chier même jusque dans la guérison.

Alors j'me pique ! J'me shoote !

C'est ce que je dis à mes copines, pour les faire marrer.

On en rigole, c'est mieux comme ça : comme s'il y avait des gens assez bêtes pour se shooter à l'héroïne parce qu'ils sont trop petits !

Je préfère quand même en rire... faire semblant d'être une junkie, comme à la télé. On se marre bien.

Évidemment, c'est pas à l'héroïne que je me shoote. Ce sont des hormones de croissance – déjà que j'étais pas une grande sportive, là je pourrai plus jamais l'être : c'est à la limite du dopage ce truc ! Ce sont des hormones de synthèse : aucune chance de passer à travers les mailles du filet du dépistage avec ça...

Je fais ça tous les soirs. J'ai une espèce de petit stylo : on visse un truc pour mettre l'aiguille en place, on tourne une couronne pour préparer la dose. Puis on pince un bout de peau entre ses doigts, on appuie sur le bout du stylo : l'aiguille se plante automatiquement, on attend quelques secondes et hop ! l'injection se fait toute seule. Rien besoin de faire. La seule question qui se pose chaque soir, c'est : où me piquer ? La cuisse ? Le ventre ? Le bras ?

On varie les plaisirs – en espérant que ça ne se verra pas.

Je sais que, malgré tout ça, je ne mesurerai pas un mètre quatre-vingt-dix… Mais si ça peut me faire gagner quelques centimètres, c'est déjà pas mal.

Ça n'en est pas moins chiant, j'vous le dis. Et j'en ai pour deux ans comme ça.

Condamnée à être petite.

Ici, les girafes marchent jambes tendues, elles sont chaloupées et lascives sous le soleil de plomb. Elles vont, séduisantes et muettes, elles regardent ce monde de haut, avec des yeux inlassablement étonnés. Les éléphants sont majestueux et s'ébrouent avec grâce dans les eaux boueuses d'un lac desséché. Les lionnes sont protectrices et agiles, elles vont en plein jour avec la légèreté déconcertante et l'assurance silencieuse des grands félins diurnes, tandis que leurs lions de mâles, lourds sous leurs crinières ébouriffées, avancent pas à pas vers des sommets inconnus.

Ici, les flamands roses vont par myriades, les buffles par floquées menaçantes et les antilopes gaiement fuient devant nous, comme conscientes du plaisir dont elles nous gratifient, par le spectacle de leurs derrières s'éloignant dans le nuage de poussière soulevé par leur course effrénée. Les rhinocéros paressent comme ces vieillards immobiles, sur les places provençales, en contemplant de loin, avec philosophie, l'agitation palpitante qui grouille autour de leurs trous d'eau. Les zèbres sont bariolés et ressemblent à des licornes, les petits guépards sont adorables, leur ronronnement s'entend de très loin.

Ici, les rires des enfants retentissent dans l'air sec du crépuscule, les gens sont souriants, les routes incertaines, les crocodiles improbables et les serpents… absents, du moins c'est ce que j'espère chaque soir en allant me coucher. Les potamochères sont rigolos et les babouins moqueurs, les impalas sont graciles et bondissants, les mangoustes sont cruelles et les phacochères toujours prêts à charger quiconque fait mine de s'approcher. Les oiseaux sont si nombreux qu'on ne retient jamais leurs noms, les hyènes ont un cri à vous glacer le sang sur place, et les nyalas semblent tout droit sortis d'un dessin animé Disney.

Ici, les paysages sont grandioses. L'herbe est haute et grasse, elle ondule dans le vent comme une coiffure folle de jeune fille. La terre est rouge sang et le ciel aveuglant, d'une pureté dorée et profonde, hallucinante. Les montagnes sont impérieuses, les verts et les jaunes qui les couvrent plus variés que partout ailleurs. Elles semblent animées d'une vie musicale perpétuelle, et chantent sous le ciel avec une lenteur trompeuse, sans souci du temps qui passe. Le soleil se couche vite, et laisse derrière lui une chaleur lénifiante et citronnée.

Ici, Le Cap domine la mer sans se faire d'illusion, du haut de sa falaise lentement grignotée par les éléments rugissants. La ville se love dans le creux de la terre, dont elle mendie la protection incertaine. Les orages sont violents, ils déchaînent la boue et font table rase des rêves des mortels.

Ici règne la joie de vivre. L'exaltation des possibles le dispute à la puissance des indomptables. On dévore la vie à pleines dents, on est assoiffé du monde, le passé ne pèse pas plus que l'avenir et l'on est à peine repu de présent.

Ici, c'est l'Afrique du Sud et ce sont mes plus belles vacances.

« De toute façon, je n'aurai pas d'enfant !

— Tiens ?

— D'où ça sort, ça ? »

Je reste muette. Je ne sais pas. Je ne sais pas d'où. Je ne sais même plus exactement comment on en est venu à parler de ça, avec Maman. Ah si, voilà : en septembre, Charlotte entre en CP. Mais moi, je trouve que ce serait une bonne idée de lui faire sauter une classe. Au moins une. Elle sait lire, elle sait compter… elle sait presque écrire ! Si elle est aussi douée que Gabin, qui est tout le temps premier de sa classe, ce serait bien de l'encourager un peu, non ? Autant profiter de ces facilités et lui donner un peu d'avance ? Elle s'ennuiera moins dans sa classe…

C'est là qu'on s'est un peu disputé, Maman et moi. Parce qu'elle n'est pas d'accord. Elle trouve qu'il vaut mieux laisser à Charlotte le temps de grandir, et même de s'ennuyer ! Elle trouve qu'on n'est pas pressé, et que l'enfance est un bien trop précieux et trop éphémère pour le laisser filer sans en profiter à plein.

Finalement, elle m'a dit qu'on en reparlerait quand j'aurais des enfants. Et c'est là que c'est sorti. Sans y penser. Comme si ça avait toujours été là, sans que je m'en rende compte. Comme une vérité, une évidence. Un eurêka qui jaillit sans qu'on lui ait rien demandé. Un cri du cœur.

En tout cas, Maman, ça l'a laissée sans voix.

Moi aussi, d'ailleurs.

Elle s'est retournée d'un coup et m'a regardée dans les yeux, les siens écarquillés comme un point d'interrogation stupéfait. Sa bouche aussi. Écarquillée aussi.

Puis elle m'a posé la question que je me posais moi-même au même instant : Mais d'où ça vient, ça ?

« Je n'aurai pas d'enfant. Faut pas se faire d'illusion.

— Pourquoi dis-tu ça ?

— Ben, avec la leucémie, la chimio, et tout. Tu te rappelles bien ce reportage qu'on a vu, de tout ce qu'on a entendu : entre le cancer et les traitements, ça peut abîmer durablement l'utérus, sans parler des ovaires et du reste...

— D'abord, faut pas croire tout ce que tu entends à la télévision ou dans la rue. Tu sais combien la vérité peut-être floutée, rien que pour lui donner un peu de sensationnel. Et puis ensuite, on n'en sait rien. Il y a des chances non négligeables que tout aille bien. Regarde, même pour la leucémie que tu as eue, on nous disait que tu avais 25 % de chances d'en sortir. Et tu t'en es sortie, malgré tout.

— Tout ça, ce sont des statistiques : pour que les statistiques soient vraies, faut bien qu'il y en ait qui tombent du mauvais côté de la barrière.

— Oui. Mais pourquoi toi ? Et puis rappelle-toi le test que tu as passé il y a trois mois ? La campagne de dépistage de la stérilité chez les anciens malades ? Il était positif, non ?

— Oui, mais bon, que veux-tu savoir avec un simple échantillon d'urine ? Rien. C'est un test superficiel, ça suffit pas.

— Et quand bien même tu serais stérile, tu pourrais très bien adopter, non ? »

Là, je me tais. Je ne sais que répondre. J'ai comme une rage sourde en moi qui a besoin de sortir, mais je ne trouve rien à lui répliquer.

« Oui, c'est vrai, je pourrais adopter. Mais c'est pas la même chose : ce n'est pas un enfant que j'aurais porté moi-même, en moi.

— Et alors ? c'est un enfant, un enfant qui a besoin de toi, de ton amour, un enfant qui est autant le tien que si tu l'avais porté pendant neuf mois. Crois-moi.

— Même.

— Même quoi ?

— Même si j'adopte, est-ce que c'est bien raisonnable, alors que je ne suis qu'en rémission, et que le cancer peut revenir d'un jour à l'autre ?

— Il ne reviendra pas. »

Le ton de Maman est sans appel. Elle est convaincue de ce qu'elle dit. Ça me rassure. Je la regarde, elle pose enfin le couteau et l'oignon qu'elle a cessé de découper pendant qu'on parlait, ouvre ses bras, fait un pas vers moi. Je fais le reste, j'enfouis mon visage dans son cou, je respire ses cheveux.

Mais où est donc cette putain de chaussure ?

La gauche.

La droite je l'ai.

Le dernier souvenir que j'ai, c'est… Euh… Je me souviens plus… Je me souviens même plus de mon dernier souvenir d'hier soir ! Je me souviens d'avoir ri. Ça oui. On a beaucoup ri. Mais alors savoir exactement de quoi ?

Bon… Faisons un effort. J'ai ri. Ah oui ! Ça ! Pour rire, j'ai ri. Et puis après plus rien. Pourtant je suis sûre que je l'avais, cette putain de chaussure gauche. Je les aime bien ces chaussures. Elles sont toutes neuves ! On est allé les acheter avec Maman, juste après la sortie des résultats. Pour fêter ça : c'est pas tous les jours qu'on a son bac ! On a téléphoné à Papa, puis on a déjeuné au resto, avec une bonne bouteille de champagne. Et puis le soir est venu et mes amis du lycée sont venus faire la fête à la maison, avec quelques voisins et amis des parents – là aussi, y avait du champagne, beaucoup de champagne, peut-être un peu trop de champagne. Oui. Sans doute. Un peu trop de champagne.

Et puis voilà : où étais-tu la dernière fois que tu l'avais, cette chaussure ?

J'en sais rien, moi. Je les ai enlevées quand on a tous plongé dans la piscine : on riait beaucoup, on s'arrosait aussi, et ça a dégénéré. Je ne me souviens pas qui a été le premier à se mettre à l'eau, mais il n'est pas resté seul très longtemps !

Mais où est donc cette putain de chaussure ?

À quoi elle ressemble ? Ben à celle-ci, mais l'autre pied. Un escarpin noir – ouvert sur le dessus du pied, les orteils libres –, pas trop hauts, les talons.

Elle doit bien être quelque part.

C'est bien la première fois que je bois autant. J'ai bien failli vomir, dans la piscine. Mais ça ne me dit pas où est ma chaussure.

La gauche.

La droite je l'ai.

J'ai l'impression de tourner en rond. Tourner en rond dans le jardin, les yeux dans l'herbe à guetter ma chaussure ; tourner en rond dans ma tête – ouille, mal à la tête, aussi. Peut-être que je l'ai jetée dans cet arbre, là-haut ? Regardons – ouille, non, ne pas mettre la tête en arrière, ça fait encore plus mal. Bon, on s'arrête un peu, on attend que la nausée passe.

Depuis ce matin – euh, depuis ce midi… enfin… depuis l'heure où je me suis réveillée, vers treize heures trente, encore habillée comme hier, dans ma petite robe noire –, ma journée se résume ça : chercher ma chaussure, essayer de ne pas vomir, chercher ma chaussure, lutter contre ce mal de crâne, chercher ma chaussure.

J'avais promis à Maman que je l'aiderais à ranger… Mais finalement, elle s'en sort très bien toute seule. Et puis, chercher ma chaussure, n'est-ce pas aussi ranger, un peu ? D'une certaine manière ?

Vous n'auriez pas vu ma chaussure ?
La gauche.
La droite je l'ai.
Mais où est-elle ?

Comment il est ?

Ben… je sais pas – suis pas sûre d'arriver à bien le décrire.

D'ailleurs, l'important, ce n'est pas comment il est, c'est ce que ça me fait quand je le regarde.

Comme une boule dans le ventre

Et puis les joues en feu

Les yeux qui se ferment dans un sourire de joie

Une joie pétillante

Quand je le regarde, je ne le vois pas

Je ne le vois pas, lui

Je ne vois que l'envie que j'ai de sentir ses bras autour de moi

Son odeur, sa peau

De sentir ses lèvres sur les miennes

La chaleur de sa main sur ma taille

La légèreté de ses doigts qu'il passe avec tendresse dans mes cheveux en plongeant ses yeux dans les miens qui se referment de plénitude.

J'arrête pas d'y penser, de penser à lui.

Alors comment il est ?

Attends voir, j'ai une photo sur mon portable. Pas très flatteuse, mais bon, ça te donnera toujours une idée.

Tiens, voilà, tu vois ? pas très grand, trapu, mat de peau, râblé, un visage rond avec des yeux rieurs, sous des cheveux sombres et courts.

Bon, le seul problème, c'est qu'il fume. Mais c'est pas grave. Je pourrai toujours le faire arrêter. Et puis bon.

J'arrête pas de penser à lui.

…

Comment je l'ai rencontré ? Je t'ai pas raconté ?

Je l'ai rencontré le soir où j'ai vu Jonathan. Tu te souviens, Jonathan ? Ce gars de Saint-Fargeau que je connais depuis longtemps et qui voulait absolument m'emmener dîner. Ben voilà, lui. Finalement, j'ai accepté de le voir, à condition qu'il vienne me prendre à Ormesson. Alors il est venu en voiture avec un pote à lui, dans la voiture du pote. Eh bien le pote : c'était Daniel !

Le pauvre Jonathan. Il a dû se trouver bien bête ! Parce que tout s'est passé comme s'il n'avait pas été là. Dès le début, avec Daniel, ça a fait des étincelles – de celles qui font les feux d'artifice, tu sais… Celles qui explosent en bouquets multicolores.

Oui, de la repartie, c'est ça : il a un joli sens de la repartie. Et puis on se dévorait des yeux.

…

Il vient de la Réunion, je t'ai dit ? Oui, l'île de la Réunion. Non, dans l'océan Indien. Pas très loin de Maurice.

Et puis il est cool… tu vois ce que je veux dire ?

Je t'assure, j'arrête littéralement pas de penser à lui. C'est comme s'il ne quittait jamais mes pensées.

…

Direct, le soir même, on s'est échangé des tonnes de textos. J'étais comme sur un nuage – j'arrivais pas à dormir, alors j'ai commencé à lui envoyer des textos. Si tu voyais les textos que je lui ai envoyés !

Genre, le premier – c'est moi qui ai commencé :

> *J'ai passé une très très bonne soirée, tu me plais énormément, j'ai envie de te revoir. Sans Jonathan.*

Cash, comme ça.

Ouais… Comme ça, il sait à quoi s'attendre.

Il m'a répondu dans la minute. Et toute la nuit, ça a été ça. Texto sur texto, texto après texto – il y en avait partout, ça partait dans tous les sens. Dès quatre heures du matin, on se donnait du *mi amor*, du mon chéri, du j'ai hâte de t'attendre, du et toi tu penses à quoi, du je regarde les étoiles, du je voudrais que tu sois là, du tu te rends compte, c'est la même lune qu'on voit tous les deux, rendez-vous sur la lune, ma princesse, *mi amor*, je t'aime.

Je te raconte pas mon état le lendemain : j'avais une petite mission d'hôtesse porte de Versailles, j'étais pas vaillante. Quand je ne somnolais pas, je ne pensais qu'à lui.

…

Entre mes petits boulots, la préparation de la rentrée, et son taf à lui – il prépare un concours, pour devenir aide-soignant, oui aide-soignant, je te dis, il est d'une générosité incroyable, il a un cœur gros comme ça ! –, on a dû attendre presque dix jours avant de se revoir. Dix longs jours d'impatience. Dix longs jours à guetter chaque seconde un texto. Dix longs jours d'angoisse et d'exaltation.

Pour l'instant on ne s'est revu que trois fois.

La première fois, c'était le 5 septembre.

C'est bien simple, dès qu'on s'est vu, on est tombé dans les bras l'un de l'autre, comme si on avait fait ça toute notre vie. On s'est tombé dans les bras l'un de l'autre, et on s'est embrassé.

Direct, oui. Direct. On s'est embrassé direct.

J'avais comme soif de sa bouche.

Si, si, c'est ça. Comme quand tu as super soif, tu engloutis deux verres, trois verres d'eau, de suite. Comme ça, mais avec des dizaines de baisers.

Sans arrêter de rire, de sourire.

Sans arrêter de s'embrasser.

NON !

J'ai crié.

NON !

J'ai crié.

NON !

Je n'avais pas crié comme ça depuis… Je n'ai jamais crié comme ça.

NON !

C'est très étrange, très étrange. Quand le téléphone a sonné, mon cœur s'est serré, s'est serré comme si, s'est serré comme si, au fond de moi-même, je savais déjà, comme si je savais déjà qui appelait et pourquoi.

Au bout du fil, c'était sa mère. La mère de Julien.

Le petit Julien, comme on l'appelle toujours avec Maman. Le petit Julien, qui a pourtant bien grandi, mais qui est toujours pour nous le petit Julien, avec lequel je jouais à la Gameboy pendant qu'on passait la chimio ensemble, et sa Maman qui discutait avec la mienne. J'ai toujours aimé la voix de sa mère, toujours aimé cette voix douce qui semble toujours chanter, toujours aimer, depuis la première fois que je l'avais entendue dire à Julien : Julien, qu'est-ce qu'on dit ? J'ai toujours aimé sa voix. Quand j'ai décroché, sa voix m'a paru changée. D'habitude, elle rayonne de gentillesse.

Là, sa gentillesse était comme noyée, mal assurée, suffoquée.

Je pense que c'est à ce moment-là que j'ai vraiment compris. Comme une confirmation de mon pressentiment.

Je ne me souviens même plus de ce qu'elle m'a dit, comment elle me l'a annoncé. Mes oreilles bourdonnaient. Je n'ai rien dit. J'ai lâché le combiné qui est tombé à terre. J'ai contemplé le fil du téléphone emmêlé, entortillé sur lui-même, qui montait et descendait sous son poids comme au bout d'un ressort. Mon cœur battait très vite. Très vite. J'avais l'impression que mon cou gonflait, que mes oreilles gonflaient, que mes jambes me lâchaient. Je crois que c'est là que j'ai crié. Oui, j'ai crié. Mes oreilles bourdonnaient tellement, tellement que je ne suis pas certaine qu'un seul son soit sorti de ma bouche. Juste ce cri. Qu'importe le son.

Les larmes ne sont venues que plus tard, dans les bras de Maman.

Daniel était là. Le pauvre, il ne comprenait pas ce qui se passait. Lorsque Maman, me serrant toujours dans ses bras, est allée prendre à son tour le combiné pour entendre la nouvelle, il est passé brièvement dans mon champ de vision. Il m'a paru désespéré, presque plus désespéré que moi. Les bras ballants. Le regard embué fixé sur moi. Désespéré de ne pouvoir comprendre cette douleur qu'il partageait pourtant d'instinct. Il me semblait si loin.

Maman a continué à m'entourer de ses bras. On ne disait rien. Je ne sais pas si elle a pleuré à ce moment-là. Sans doute un peu.

On se tait toujours. Dans les bras l'une de l'autre, on s'est assis dans le canapé, à côté du téléphone mal raccroché. Daniel est toujours debout, il n'a pas bougé.

Tout mon corps bourdonne à présent. Mais mon esprit n'est plus aveuglé. Il est comme vierge, suspendu, inarticulé. Un pantin. Il tourne sans but, au ralenti. Je ne pense même pas à Julien, je ne pense plus qu'à ce vide sans nom au fond de moi.

Je regarde Daniel, Daniel me regarde. Je suis incapable de prononcer un mot.

Julien.

Alors j'entends Maman qui parle. Je l'entends, mais je ne la comprends pas. Comme si ses mots s'enchaînaient sans souci de sens, l'un après l'autre, s'égrenant tel un chapelet de gouttes d'eau s'échappant d'un robinet mal fermé. D'une voix atone, presque blanche.

« Je ne sais pas si Anne-Lise t'a raconté, mais il faut que tu saches : petite fille, elle a eu une leucémie. Elle s'est battue et, aujourd'hui, elle va bien, c'est fini. »

Silence.

Daniel nous regarde avec de grands yeux, il essuie les larmes qui coulent sur ses joues. Il balbutie quelque chose – le pauvre, il se reçoit tout ça d'un coup.

Maman se rend compte qu'elle s'est arrêtée au milieu de ses explications.

« Julien est un garçon qu'on a connu à l'hôpital : il avait une leucémie lui aussi, et il était en rémission. »

Silence.

Maman me serre encore un peu plus fort dans ses bras. L'une de ses mains se perd nerveusement dans mes cheveux, je sens ses larmes qui coulent aussi.

« Il y a quelque temps, c'est revenu. »

Je me serais attendue à un nouveau silence, mais Maman accélère, comme pour en finir au plus vite.

« Il est mort ce matin. »

Je regarde Daniel. Il ne réagit pas. Il est toujours là, les bras ballants, des larmes coulent sur ses joues, sa tête rentrée dans ses épaules.

Maman tend une main vers lui. Il approche timidement. Timidement et maladroitement.

Ça paraît ridicule. Moi aussi, d'ailleurs, ça me paraîtrait ridicule si ce n'était pas moi. Une copine m'aurait raconté ça, je me serais foutue de sa gueule. Et pas qu'un peu.

Et pourtant c'est bien ce qui s'est passé. C'était si émouvant.

J'ai pleuré.

J'étais encore entre ses bras. Je sentais sa peau contre la mienne, son haleine sur mon visage.

Je ne savais pas que ça pouvait être aussi beau. Aussi agréable. Aussi fort.

Aussi beau.

De connaître un tel bonheur, je ne savais pas que c'était possible. Je pensais que c'était réservé à d'autres – à ces figures fabuleuses qui défilent sur nos écrans, à ces personnages hors du commun qui peuplent les pages des livres. Pas à moi.

Et pourtant.

Le silence est parfait ou presque. De temps en temps, on entend quelques pas dans la rue, quelques pas sur des graviers – c'est un son cristallin et doux.

Je suis blottie contre lui. Au creux de son bras. Sa main me caresse le dos. Je frissonne. Encore. C'est un autre plaisir. Paisible. Moins violent mais pas moins intense. Mes yeux se ferment d'instinct, non de fatigue mais de plénitude. Je n'ai plus besoin de rien, je suis bien. Et ces larmes qui coulent si paisiblement sont des larmes de bien-être.

Alors, c'est ça, l'amour.

Ce n'est pas une question, ce n'est pas un étonnement, c'est une constatation, merveilleuse.

Je m'y étais préparée. Je lui avais dit que j'avais besoin de temps – je lui avais dit avec une pointe de peur dans le cœur : peur qu'il me quitte, comme l'autre avant lui, qu'il ne veuille plus de moi parce que j'avais besoin de temps, qu'il ne veuille plus de moi alors que je l'aime. Et il a attendu. Il me l'a dit : je m'en fiche, je t'aime, j'attends. Je ne suis pas pressé. Ça viendra quand ça viendra. Il me l'a dit. Je ne sais pas s'il mentait – ça m'aurait vexée un peu, quand même, qu'il ne mente pas au moins un petit peu, qu'il ne soit pas impatient de m'avoir toute à lui –, mais il me l'a dit : ça prendra le temps que ça prendra. On s'aime, on n'est pas pressé, on a la vie entière pour ça après. Apprenons à nous connaître, on verra.

Faut dire : pas facile de trouver le moment de passer à l'acte. Quarante-cinq bornes entre chez lui et chez moi, moi sans permis, et avec des études (et des parents, ne pas oublier les parents, tiens !). Et puis lui, aussi, de son côté, son école d'aide-soignant.

Mais qu'importe ! Qu'importe ces neuf mois de patience. J'étais prête. Prête à force de tendresse et d'amour, prête à passer le pas. Prête à prendre ma vie en main, à franchir cette nouvelle étape. Prête à dévorer l'avenir – sans grignoter entre les repas.

Je suis entre ses bras et il n'y a plus que ça qui compte. Rien d'autre. Ses lèvres, les miennes. Ses bras, les miens. Sa peau, la mienne. Son cœur, le mien.

C'est tout simple, la vie, finalement.

Tout simple, l'amour. Ce n'est que toi, et moi. Toi, et moi.

Toi et moi.

Caresses, baisers, douceur, tendresse.

C'est un jeu.

Comme de courir dans un pré aux premiers jours du printemps, et se laisser tomber, de tout son long, dans l'herbe grasse, sous un soleil pétillant de grâce.

On en rit ! On en rit tant que les larmes montent aux yeux, explosent en un jet d'eau fabuleux de fraîcheur et de beauté.

Je ne sais pas comment elle a fait, mais elle a deviné. C'est très fort, les mamans, faut avouer. On ne peut rien leur cacher, ou presque.

(C'était si doux, j'aimerais tant pouvoir verser à nouveau ces larmes de bonheur.)

Reste Papounet. Et ça, c'est une autre histoire. Ça va pas être aussi facile !

Alors jetons-nous à l'eau. Dès maintenant.

(Il suffit que je ferme les yeux pour me retrouver à nouveau dans ses bras. Comme si son odeur était encore sur moi, comme si sa voix résonnait encore à mes oreilles.)

Maintenant : il s'agit de prendre ses responsabilités. C'est l'occasion ou jamais, alors qu'il m'amène en voiture. Nous sommes seuls.

Alors jette-toi à l'eau. Dès maintenant.

Avant d'arriver. Maintenant.

« Papa. »

(Plus fort, faut parler plus fort.)

« Papa, j'ai un truc à te dire.

— Oui, ma chérie ?

— Voilà, avec Daniel... »

Il me regarde, il n'est pas content. Fallait s'y attendre. Sa voix enfle. Elle va bientôt gronder.

Ça y est, ça gronde. La nouvelle ne lui fait pas plaisir. Mais moi, je sais bien que, en dépit de ses imprécations, en dépit de ses protestations et de ses soupirs, en vrai, je suis toujours sa fille. Il a beau dire le contraire, dire tu n'es plus ma fille, dire mais qu'as-tu fait ma poupée, il a beau gronder et bouder, je suis et je serai toujours sa fille. Il aurait préféré que je reste sa petite fille, sa perle pure, que jamais je ne grandisse ? C'est impossible. Et il est temps qu'il s'en aperçoive. Il est grand temps qu'il grandisse, lui aussi !

Tiens, une chaussure…

Une chaussure ? Comment elle est, cette chaussure ?

Noire.

Un escarpin noir ?

Oui – ouvert sur le dessus du pied, les orteils libres – à talons.

Mais où l'as-tu trouvée ?

Au fond du jardin, coincée dans la haie… Par contre, elle est un peu abîmée.

Ah bah mince alors… J'avais gardé la droite au cas où !

Fait chier !

Oui, fait chier !

Et je pèse mes mots…

D'abord je suis petite. Ensuite, je dois me shooter aux hormones de croissance. Et maintenant, la thyroïde ? Mince alors… Ça me saoule !

Parce que ça, c'est certain, c'est la faute à la leucémie. Aucun doute là-dessus.

D'une logique implacable.

Parce que, sans leucémie, on n'aurait pas eu à me faire d'autogreffe. Sans autogreffe, on ne m'aurait jamais bombardée de radiations pour éliminer ma moelle osseuse cancéreuse. Et, sans radiation, ma thyroïde irait sans doute très bien.

Donc bon, au final, le vrai coupable, faut regarder les choses en face, c'est cette saloperie de leucémie. Et si on se pose la question un instant sérieusement : À qui profite le crime ? là aussi, la réponse est toute trouvée : c'est encore cancer qui gagne.

Et l'autre, le nouveau médecin qu'on m'a recommandé à Villejuif, il ne trouve rien de mieux à faire que de nous dire – nous faire la leçon, plutôt, sur un ton professoral on ne peut plus agaçant – que ces satanés rayons sont connus pour provoquer, à terme, des tumeurs de la thyroïde. Il dit que, d'ailleurs, on peut constater une nette recrudescence des problèmes de thyroïde dans la génération Tchernobyl… Eh ! Patate ! Qui c'est qui m'a bombardée de rayons ? C'est pas Tchernobyl, que je sache… Ce sont des médecins, oui, des médecins. Quoique… Tchernobyl, si on y réfléchit bien, c'était l'année de ma naissance. Et même un mois avant ma naissance, exactement. Mais le nuage radioactif, c'était *peanuts* à côté des radiations que les médecins m'ont prescrites. C'est comme si j'avais été exposée à je ne sais combien de Tchernobyl explosant à quelques mètres de moi.

Résultat : quatre tumeurs.

Quatre. Pas une, pas deux, pas trois, mais quatre ! Mince alors… Ils font pas les choses à moitié, ces rayons.

Comme un quadruple goitre. Ça se voit pas, mais il est là, et bien là.

L'endocrinologue, lui, n'appelle pas ça des tumeurs, mais des « nodules ». Ça me fait une belle jambe, tiens ! Des nodules… Non mais, qui est dupe ?

Donc quatre nodules. Sur la thyroïde. Avec en prime un peu d'hyperthyroïdie depuis quelques mois – et ça, c'est pas du gâteau non plus.

Quatre nodules, ça veut dire quatre piqûres : quatre biopsies comme disent les médecins, l'une après l'autre, dans le cou, pour savoir si ces nodules sont dangereux.

Ça a bien pris quelques jours pour que l'on sache enfin que, sur ces quatre affreux nodules, il y en avait quand même un de cancéreux. Évidemment… avec la veine que j'ai !

Quand l'endocrino me l'annonce, j'ai le sentiment que tout ça, ces dix ans sans cancer, ces dix années de rémission, avec Gabin, Charlotte, Daniel, tout cela n'a été qu'une parenthèse de fiction entre deux murs de réel, comme un jeu soudain interrompu par un enfant qui dit « Pouce ! » Rémission : quel mot ! Je ne comprends que trop bien ce qu'il signifie à présent.

Je vois les épaules de mon Papa qui s'effondrent, il s'enfonce dans sa chaise, il est presque plus mal que moi. Maman étouffe un sanglot. Moi non. Je ne pleure pas. Au contraire, je m'énerve. Une pulsion de rage subite s'empare de moi. J'ai soudain envie de faire ma crise d'adolescence. Une vraie. Avec cris et imprécations. Envie de me révolter, de monter à l'assaut sur les barricades. Mes poings se serrent.

Et l'autre, très sérieux, qui me dit que la meilleure solution, c'est l'ablation.

On coupe tout.

Hop ! Plus de thyroïde, et le problème est réglé.

Quand je lui demande si ce n'est pas un peu extrême comme traitement, il me dit que c'est la seule manière d'éviter d'avoir à refaire de la chimio. Et encore, c'est pas sûr. Ça dépend de ce qu'ils trouvent.

Alors je me tais. Je n'ai pas du tout envie de refaire de la chimio : aller à l'hôpital toutes les semaines pendant deux ans, reperdre mes cheveux, perdre encore le goût du chocolat… Non merci.

Papa et Maman s'inquiètent quand même de statistiques – c'est leur rôle. L'endocrinologue affirme que les risques sont minimes.

« Le seul souci, ajoute-t-il comme si ça ne représentait rien ou presque, c'est qu'il faudra à Anne-Lise un traitement hormonal de substitution. Jusqu'à la fin de sa vie. »

Je me vois déjà avec mon stylo d'injection, comme il y a quatre ans. Un stylo, une injection, tous les jours, jusqu'à la fin. Le médecin me rassure : ce sont des comprimés.

Ce qu'il passe sous silence, en revanche, c'est cette énorme cicatrice qui, des mois après l'opération, n'est toujours pas résorbée. Une immonde cicatrice qui me barre le cou. Et les foulards dont j'aurais caché mon crâne si j'avais fait une chimio, je les enroule à présent autour de mon cou.

Heureusement que Daniel est aide-soignant – j'ai le sentiment qu'il comprend. Qu'il comprend la balafre, qu'il comprend la maladie. Et qu'il comprend le déséquilibre hormonal qui va avec.

Il n'empêche : ça me saoule.

Fait chier.

« Le monde t'est totalement ouvert, tu peux faire ce que tu veux, ma chérie. Ce que tu veux. »

L'un après l'autre, ils m'ont dit la même chose. Exactement. Mot pour mot. En détachant les syllabes sur la dernière phrase, comme pour bien insister : ce-que-tu-veux.

À croire qu'ils ont appris leur texte par cœur. *Le Manuel du parfait parent.* Je ne sais pas si ça existe vraiment, mais je suis certaine qu'il y a un marché à explorer. Pour toutes les situations, le mot juste. Même moi, je l'ai déjà dite au moins une fois, cette phrase-là… à Gabin : c'est bien la preuve que ça ne doit pas être si faux que ça.

Dans mon cas, en revanche, le mot n'est pas si juste que ça. D'habitude, les parents disent ce genre de platitudes à leurs enfants parce que ceux-ci ne savent que faire de leur vie. Et quand je regarde autour de moi, en effet, c'est triste, mais c'est exactement ce que je constate. À part les quelques-uns qui disent se destiner à la médecine – mais j'ai bien peur que cette vocation ne relève plus d'un fantasme né après avoir trop regardé *Urgences* ou *Grey's Anatomy* –, mes anciens camarades de lycée me regardent presque tous avec des yeux bovins lorsque je leur demande à quoi les destinent leurs études, de commerce, de maths, de lettres, de bio, de socio, de psycho.

Moi non.

Moi, je sais exactement ce que je veux faire : éducatrice spécialisée.

Oh, je les entends d'ici, ceux qui débitent leurs platitudes de psychologie de comptoir : ses souvenirs d'enfant malade la poussent forcément vers les enfants malades. C'est un peu facile. Même s'il doit bien y avoir un fond de vérité là-dedans.

Mais qu'importe. C'est ce que je veux faire.

Avant même d'avoir mon bac, j'ai tenté le concours. D'accord, j'ai été recalée à l'oral, mais ce n'est pas un petit contretemps comme ça qui va me détourner de mon objectif. Je pense d'ailleurs que la décision du jury était légitime : je manquais de maturité, j'en suis consciente aujourd'hui. Mais c'est ma vocation. Et le problème avec une vocation, c'est qu'on n'envisage pas qu'elle puisse nous faire faux bond.

Faute de mieux, l'an dernier à la dernière minute, Papa m'a trouvé un DUT Marketing à l'IUT de Sceaux. En alternance. Bien sûr, c'est ce moment que ma thyroïde a choisi pour faire des siennes – j'aurais dû m'y attendre, c'était presque trop facile : pour faire dans l'*understatement*, on va dire que ça a quelque peu bousculé ma première année. Et trouver un job en alternance quand on sait qu'on devra justifier d'absences répétées en raison d'un cancer, c'est quasi mission impossible. Finalement, si on suivait la logique des psychologues de comptoir jusqu'au bout, je ferais peut-être mieux de me reconvertir dans les ressources humaines spécialisées dans les cas comme le mien ! Heureusement qu'il y a des sociétés d'intérim…

« Intérim ». Tiens, en voilà un mot encore. Ça me fait penser à « rémission ».

Avec un peu de chance, l'alerte thyroïdienne sera de courte durée et je pourrai me concentrer sur mon objectif. Après le DUT, ce sera une licence et, tout au bout, le concours d'institutrice – et de là, mon avenir est tout tracé. Éducatrice spécialisée : je n'en démordrai pas et rien ni personne ne m'en détournera.

Non. Ça va, merci. Pas ce soir.

Non. Ce soir, nous, on reste tranquille.

Oui, exactement, on reste tranquille. Chez nous. Dans notre appart.

Notre appart... Notre appart... Notre appart...

Chez nous, quoi. J'en reviens pas. J'en reviens tellement pas que je me le répète à longueur de journée. De temps en temps, comme ça, sans raison, je regarde Daniel, je lui fais un clin d'œil, et je lui dis : « Notre appart », « On est bien chez nous », « Seuls au monde », ou un truc dans ce goût-là et on se marre. Comme ça. Sans plus de raison que ça. Que oui, que c'est vrai, qu'on est quand même bien chez nous. Tout seuls.

Daniel est aux fourneaux. Il aime ça. Et moi j'aime son rougail saucisse. Comme ça, tout le monde est content.

Son rougail saucisse. Et son rougail poisson. Et son curry de crevette. Et tous les autres petits plats que, au gré de sa fantaisiste inspiration, il invente de soir en soir.

Mon petit chef. Rien que pour moi.

Dans notre appart, à nous. Rien qu'à nous.

Pas très grand, l'appart. Pas très grand. Mais spacieux tout de même. Avec cuisine à l'américaine, large baie vitrée à l'ouest, vaste salon avec un superbe canapé en rotin et grande télé, et petit balcon qui fait tout le tour pour prendre le petit déjeuner aux beaux jours.

Ça fait deux mois qu'on y est, et le soleil de mai rehausse les couleurs des meubles, les coussins violets, les rideaux de tulle qui filtrent en couleur les rayons du soleil, le papier peint jaune-vert, les chaises en bois clair. Sur le carrelage se dessinent les ombres des masques africains, statuettes d'éléphant et autres souvenirs d'Afrique du Sud qui décorent murs et étagères.

Je hume un instant le fumet qui embaume l'appartement, tout en passant en revue notre collection de DVD. Hmmmm... Le choix est large, mais j'hésite.

Qu'est-ce qui va bien avec un rougail saucisse ?

Ah, mais... au fait... J'ai acheté trois DVD cet après-midi en revenant de la fac. Ils sont dans la chambre.

Correction : dans notre chambre. Notre alcôve, notre terrier.

Notre chambre n'est pas bien grande non plus. Le grand lit y prend toute la place : il trône. Merveilleux. Avec des draps colorés – j'aime bien le vert pomme en ce moment. Comme un trampoline.

Un trampoline pour sauter dans les bras l'un de l'autre, un trampoline pour faire les fous, pour faire des tas de bêtises, à l'abri du monde, à l'abri des autres, à nous deux.

Tout est pimpant et joyeux. J'ai changé les draps, ce matin. Ils sont propres, ils sentent le frais et le printemps. Je les ai changés juste après le départ de Daniel. Le matin, il a un peu de route, son hôpital est à Clamart. Moi, je me lève un brin plus tard – c'est lui qui me réveille, en partant.

Il faut en avoir, de la vie, et du rêve, pour peupler cet appartement de joie et de couleurs. Et on en a. Des tonnes. Et encore en réserve.

Daniel disait, je m'en souviens encore : « On s'en fiche, on aura toute la vie après. »

Eh bien elle est là, la vie. Là, juste là. À portée de main, on danse dessus, on saute dedans. Comme une source fabuleuse qui jaillit de la pierre et rayonne dans le soleil éclatant.

J'aime le silence dans notre appart. Et j'aime aussi quand la musique y résonne, à fond les ballons !

Bref : j'aime vivre ici. Avec Daniel.

Quel besoin de sortir ? C'est notre nid.

Un nid, pour quoi faire ?

Ben pour vivre.

Vivre.

C'est tout.

Il m'énerve. Quand il parle comme ça, il m'énerve. Ça fait vieux con. Oui, parfaitement. Ça fait vieux con. Merde : j'ai quoi ? 22 ans, et lui, il me parle gamins, il me parle crédit, il me parle maison, il me parle installation à la Réunion et tout. On rentre d'un dîner chez ses parents, et ça le met toujours d'humeur à débiter ce genre de bêtises. Et avec cet air sérieux qu'il a. Mince. Il m'énerve. Vraiment.

Et quand il m'énerve comme ça, ben, je n'ai envie que d'une chose : lui faire mal. C'est mesquin, je sais. C'est complètement crétin même, et je vais le regretter, c'est sûr, je vais le regretter. Mais bon, en attendant, il faut bien que je passe ma bile.

« Tu sais, je t'ai parlé de ce terrain que j'ai à la Réunion. Ben, si tu veux, on pourrait s'y mettre à nous deux pour construire une maison à nous dessus – et puis on s'y installera quand elle sera finie. Quand on voudra. On vivrait là-bas, qu'est-ce que tu en penses ? »

Ça y est, je l'ai trouvée, mon attaque mesquine. J'y ai mis tout ce que j'ai pu trouver de mauvais dans ma voix.

« En fait, t'es juste là pour profiter de moi, c'est ça ? Pour t'aider à construire ta maison. »

Je ne le regarde même pas quand je dis ça, j'ai presque honte.

Il pile sec – je me retrouve le nez dans la boîte à gants – et se range sur le bas-côté. Il se retourne vers moi, rouge d'indignation. Il balbutie tellement ça lui fait de la peine – et tout de suite mon cœur se serre, je savais bien que je le regretterais... Mais pourquoi est-ce que je ne m'écoute jamais ?

« Ça fait combien de temps qu'on est ensemble ? Sa voix tremble, il a du mal à déglutir. Tu me connais mieux que ça, quand même... Je t'aime pour ce que tu es, toi... Non mais. Comment tu peux penser ça ? Comment peux-tu même imaginer une chose pareille ?

— Mais tu me fais chier avec tes projets à la noix ! Tu me fais chier ! Arrête, arrête, on est ensemble, on est bien pour l'instant, pourquoi tu veux gâcher ça ?

— Là, tout de suite, c'est pas moi qui le gâche, je te ferais remarquer. »

Pas cool non plus de sa part, ça. Mais je l'ai mérité, d'une certaine façon.

« Mais on est jeune, pensons d'abord à nous éclater avant de penser à des trucs comme ça ! J'ai même pas fini mes études que tu me vois déjà pondre... On verra ça dans dix ans ! Pourquoi tu veux t'embarrasser de tout ça maintenant ? Je ne sais même pas si je pourrai vraiment en avoir, moi, des enfants. De là à savoir si j'en veux...

— J'y peux rien, je suis comme ça. Je fais des projets, je peux pas m'en empêcher. Et pour moi, dans tous mes projets, il y a toi. Tu es indissociable de mes projets. Alors je t'en parle. C'est tout.

— Mais moi, j'en sais rien, moi, j'ai pas réfléchi à tout ça.

— Tu n'as pas des rêves ? Des projets ? Des idées pour l'avenir ?

— Mais lâchez-moi avec votre avenir ! Vous me saoulez ! Moi, tu veux savoir ? Tu veux savoir ce que sont mes projets ? Mes projets, c'est vivre. Je sais pas si tu te souviens mais ma thyroïde, ça fait un an à peine. Alors moi, mes projets, c'est vivre. Un point, c'est tout. Mes projets, c'est mes parents, c'est mon frère, c'est ma sœur ; mes projets, c'est toi. Mais l'avenir, c'est au jour le jour. Je n'en sais pas plus. Je ne sais pas. Comment veux-tu que je sache ? »

Ma voix s'étrangle. La rage m'a quittée tout à fait. Je suis au bord des larmes à présent, et ce n'est plus de la culpabilité. J'ai une boule dans la gorge.

Daniel ne dit rien. Il est près de pleurer, lui aussi.

Nous restons ainsi silencieux. Je n'ose même plus le regarder. Puis je sens ses bras autour de moi, il m'attire vers lui. Sa bouche se perd dans mes cheveux.

« J'ai toujours cette épée de Damoclès au-dessus de ma tête, comment veux-tu que je fasse des plans d'avenir, comme ça ? »

C'est presque un chuchotement.

Daniel ne dit plus rien. Il me serre dans ses bras.

La Réunion, ce sera pour la prochaine fois. Daniel est un peu déçu. Il aurait tellement aimé me faire visiter son île... J'aurais bien aimé partir loin, avec lui. Un grand voyage. Retourner en Afrique, par exemple.

D'un autre côté, il est un peu têtu : il aurait pu nous accompagner en Tunisie à Noël. Ou à Majorque l'été dernier. Papa était ravi de l'inviter. Mais non. Il a voulu rester. Il nous a dit : vous savez, le boulot... et puis j'ai besoin d'argent, je fais des heures sup, des vacations, faut que j'économise, ne serait-ce que pour l'avenir, si quoi que ce soit nous arrive.

Cet été, les parents nous ont proposé la Sardaigne, mais cette fois c'est moi qui leur ai dit que non, qu'on préférait rester gagner un peu d'argent puis partir, ensemble. Avec notre argent. Tous les deux. Des vacances à nous avant de revenir dans notre appartement à nous.

Quand on leur a dit, j'ai cru lire dans le regard de Papa une certaine fierté : fierté de notre volonté d'indépendance, de notre volonté de prendre nos responsabilités.

Alors, les grands voyages, la Réunion ou ailleurs, ce sera pour une prochaine fois. Cette année, c'est *road trip.* L'aventure, quoi... J'ai l'impression d'être dans un film américain, de vivre en toute liberté, à côté du monde, dans un pays de soleil et de bonheur, entre ciel et mer. Jour après jour, de nouveaux paysages, de nouvelles odeurs, de nouvelles plages. Sans parler des spécialités culinaires. Dans chaque ville où on s'arrête on achète un petit souvenir, mais pas n'importe quel souvenir : un souvenir gastronomique, charcuteries, alcools, miels, confitures et foies gras, tout y passe. Pour les parents. Sans oublier Gabin et Charlotte.

Seule ombre au tableau : cette douleur lancinante que j'ai à la jambe. Une douleur que je ne comprends que trop bien. Que je voudrais ne jamais avoir sentie. Je voudrais, pour un instant au moins, qu'elle me laisse tranquille, qu'elle me laisse profiter de mes vacances : on verra à la rentrée. Je ne veux pas. Pas encore. Pas encore une fois.

Il y a quelques mois, on a encore trouvé des nodules. Sur le foie, cette fois.

Apparemment, une fois n'est pas coutume, j'ai un peu plus de chance que d'habitude : les nodules ne sont pas cancéreux. Seulement, juste à côté, on a découvert une autre tumeur. Bénigne, apparemment, certes, mais difficilement opérable. Et donc, nécessairement, « à surveiller », comme ils disent…

Et quand le médecin a dit « à surveiller », il m'a bien précisé ce qu'il fallait guetter : des douleurs dans les jambes. Ou dans le dos.

C'est pour ça que je sais pertinemment que cette douleur dans ma jambe n'augure rien de bon.

En marchant, en me couchant, en faisant les courses, et même tranquillement au lit dans les bras de Daniel. J'ai mal. Aucune position n'est agréable. Au début, j'ai voulu croire que c'était les longues heures de voiture, mais il faut se rendre à l'évidence.

Daniel considère ça d'un air complètement désarmé, ingénu. Le pauvre, il ne sait que faire. Et moi, je le regarde, je lui demande ce qu'il en pense.

Je sais bien… Je sais bien que je ne devrais pas lui demander, je sais bien que je ne devrais pas lui demander de tâter, de tâter cette boule étrange que j'ai là, et de me dire, de me donner son opinion, son opinion professionnelle même. Je ne devrais pas. Mais je n'y peux rien, c'est plus fort que moi. C'est idiot, j'ai envie d'être rassurée, j'ai envie qu'il balaie d'un revers de main mon inquiétude. Même si, tout au fond de moi, je sais très bien ce que c'est. Je sais bien quel est ce spectre ignoble, qui sans un mot s'avance à nouveau sur le devant de la scène. Je le reconnais. C'est comme s'il ne m'avait jamais quittée.

En réalité, Daniel a moins envie encore que moi d'y croire. Il hésite. Entre la réalité qu'il soupçonne et la force de ses rêves. Il balance. Entre ce que son métier lui dicte et ce que son cœur lui crie.

Je ne dis plus rien : ma décision est prise. J'appelle les parents, on rentre, et c'est tous ensemble qu'on va faire notre pèlerinage à Villejuif, dans l'immense cathédrale de verre et de béton qu'est l'Institut Gustave-Roussy.

La porte en s'ouvrant a claqué violemment. Daniel est sorti. Presque en courant.

Le fracas a longuement résonné dans le couloir gris et aseptisé. On a entendu un bruit sourd et un cri court, comme étouffé. Sans rien dire, on s'est levé, on s'est rhabillé sans hâte, on a dit au docteur à la semaine prochaine, puis on est sorti à notre tour. On l'a trouvé assis par terre dans un coin. Il était recroquevillé autour de son poing ensanglanté. Il le serrait de son autre main et le couvrait de sanglots convulsifs. À côté de lui, ses lunettes traînaient, cassées en deux.

Il était ramassé sur lui-même, en tas dans son coin. J'avais l'impression qu'il fuyait la lumière du soleil. C'était une lumière généreuse qui inondait brillamment le couloir de tout son éclat de septembre.

Je me suis agenouillée auprès de lui, je l'ai pris dans mes bras, j'ai essayé de le consoler. Comme je fais avec Charlotte quand elle est chagrin. Papa et Maman sont restés un peu l'écart. Puis ils se sont approchés, on s'est tous entourés un instant de nos bras. Et puis on a pris la direction de l'ascenseur, d'un pas lourd et lent. Pour tout dire, un peu abattu.

Dans la voiture, tout le monde se tait. Une bulle de silence. On entend à peine la circulation qui défile au-dehors. Mon regard se pose tour à tour sur Daniel, sur Papa, sur Maman, à nouveau sur Daniel, puis, un peu plus loin, sur la ville indifférente qui coule tranquillement à nos côtés, comme les eaux lentes et lourdes d'un fleuve apaisé. Papa fixe la route, ses mains sont crispées sur le volant. Maman se tient, raide et figée, droite sur son siège. Seul Daniel est agité de soubresauts, roulé en boule sur la banquette. Moi, au contraire, je respire librement. Plus librement que je ne l'ai fait depuis longtemps. Je me sens bizarrement en paix. Détendue. Mon esprit est frais et dispos. J'ai bien encore un peu mal au dos, mais j'y prête à peine attention. Je compte les secondes lorsqu'on s'arrête au feu rouge, je regarde les passants. « Nonagénaire », le mot me vient soudain à l'esprit, ce mot que je cherche depuis une heure au moins : « Faire du vieux avec du neuf, en onze lettres… », voilà, je l'ai, c'est ça : « Nonagénaire », on a buté dessus avant de rentrer dans le cabinet du médecin. À cause de ce 1 vertical, la grille est encore à moitié vide. « Nonagénaire », ça va nous débloquer, ça. Je pense dans un éclair que je ne le serai sans doute jamais, nonagénaire, pensée fugitive qui s'efface aussi vite qu'elle est venue.

Je tends la main vers Daniel, pour lui demander la grille, pour continuer à la remplir ensemble. Mais il n'a toujours pas bougé. Il est toujours roulé en boule dans son coin. Je parcours à nouveau du regard l'intérieur de la voiture. J'ai le sentiment de faire et refaire éternellement le même trajet. Toujours. Notre vieille voiture ne s'est jamais arrêtée, je n'en suis jamais descendue. Elle serpente encore de reliefs en reliefs, de canyons en basses montagnes, sous le ciel gris et bas de janvier, entre Cadenet et Marseille. C'est toujours la même voiture, le même silence, la même angoisse qui pèse, les mêmes regards qui s'évitent.

Dans mon esprit une image d'un coup surgit, venue de très loin, jaillissement coloré que j'ai tout ce temps écarté à toute force de ma conscience : une petite valise rouge vif, brinquebalée à mes côtés d'un virage à l'autre. Avec un joli dessin dessus, la valise. Et dedans quatre vêtements, un pyjama, une brosse à dents. J'ai grandi, bien sûr. Et ma valise aussi. Et tout le reste. Mais rien n'a réellement changé.

Je pense à Charlotte, à peine plus âgée aujourd'hui que je ne l'étais lors de mes allers-retours incessants à travers la Provence. Je pense à Gabin. Je pense qu'il va falloir leur annoncer. À tous les deux. En pleine crise d'adolescence, ils n'ont pas vraiment besoin de ça.

Je regarde les parents, je hoche la tête pour moi-même, je me dis que c'est sans doute à moi de le faire. Pas à eux.

Daniel se cache, il enfonce son visage dans sa manche. Il pleure, je crois. Alors je m'approche de lui, je le prends dans mes bras, et je lui glisse à l'oreille : « T'inquiète pas, je vais m'en sortir, je me suis battue une fois, deux fois, ce n'est pas maintenant que je vais m'arrêter. »

Je dépose un léger baiser sur sa joue, et je lève la tête. Papa et Maman me regardent eux aussi, ils ont les larmes aux yeux.

Alors je répète : « Vous inquiétez pas. Tout va bien aller. On a l'habitude, maintenant, non ? »

Et puis, comme pour moi-même : Tout va bien aller.

Et je souris. Dans le soleil de septembre.

Je souris.

D'abord, les nouveaux anciens amis. Ceux qu'on a perdus de vue, puis retrouvés – comme un retour rafraîchissant aux années insouciantes. Ceux qu'Internet soudain rapproche, et met à portée de main où qu'ils soient.

Voisins de Cadenet, vieux camarades de classe, copains de colo, coéquipiers de foot.

Ce sont les premiers à partir, à s'effacer, à s'évaporer, à abandonner le terrain.

Les premiers à disparaître, comme s'ils n'avaient jamais reparu, comme s'ils n'avaient jamais existé. Sans un appel, sans appel.

Puis c'est au tour des vieilles connaissances. Ceux qui se détachent toujours en période difficile, pour ne revenir que lorsque règnent la santé et la joie – pour s'en nourrir, s'y régénérer.

Complices auxquels on sourit deux fois l'an, enfants de collègues des parents, ex-conjoints d'amis plus proches, couples fugitivement croisés dans un avion ou sur un bateau en partance, sur un quai de gare un soir de grève, vagues relations dont on reçoit, une année sur trois, une petite carte de vœux sibylline au moment des fêtes.

Ils sont plus lents à s'estomper. On est tellement habitué à ne distinguer qu'avec peine leur silhouette translucide que l'on ne s'aperçoit de leur départ que longtemps après : lorsqu'on ne reçoit pas la carte triennale, le coup de fil annuel, la visite impromptue.

Enfin la famille.

Ça commence par un grand-oncle lointain, une vague grand-tante qu'on ne voit guère qu'à Noël, quand la météo et la conjoncture leur ont permis de prendre la route. Ceux qui sont malades eux aussi – et qui ont d'autres soucis à se faire : Alzheimer, cancer, ou tout simplement sénilité – dont on apprend au détour d'une réunion de famille le décès solitaire.

Et puis ça se rapproche plus franchement : les cousines et cousins germains, avec lesquels on a passé toutes nos vacances d'enfant, avec lesquels on a joué à chat, avec lesquels on a joué à la poupée, avec lesquels on a joué à la dînette, avec lesquels on a joué au docteur, avec lesquels on a triché au Monopoly. Avec lesquels on a ri. Avec lesquels on a fait des farces, on a joué des tours, on a pesté contre les parents, on a construit des cabanes dans la forêt, on s'est caché des parents, on est resté à veiller très tard le soir sans que les parents s'en aperçoivent. Ceux qu'on a supportés, assistés, aimés.

On était là. On a pris part à leurs premiers émois.

On leur a arrangé des coups, on leur a servi de messager, de conseiller, d'entremetteur.

On a été témoin de leurs premiers baisers.

Avec eux, on a frémi.

Avec eux, on a vibré.

On a écouté avide leurs récits après. On est resté suspendus à leurs lèvres lorsqu'ils nous ont parlé de leur première fois, de leur première copine ou de leur premier copain.

On a partagé leurs peines lorsqu'une piqûre les a séparés de leur vieux chien rhumatisant, de leur vieux chat pitre.

Et ce sont eux qui un jour pourtant n'appellent plus. Feignent l'ignorance.

Ce sont les mêmes qui, un jour, ont pu avoir peur de la contagion – et ne sont toujours pas rassurés.

Ce sont les mêmes qui attendent qu'on vienne à eux malgré tout, malgré le traitement, malgré la maladie.

Ce sont les mêmes qui, chaque fois que, par chance, le téléphone veut bien nous mettre en communication, n'ont qu'une hâte : raccrocher.

Ce sont les mêmes qui fuient les malades comme ils fuient la vie.

Ce sont les mêmes qui restent enfermés dans leurs certitudes apprises, et se convainquent qu'ils ne sont en rien dans leur tort. Jusqu'à ce qu'il soit trop tard.

Ainsi le vide se fait. Comme un assainissement de l'espace, débarrassé de ses éléments parasites et inutiles. Laissant à chaque nouveau départ une cicatrice purulente qui ne veut pas se refermer.

Tu m'aimes encore !

Je le sais. Tu le sais.

Encore et toujours, tu m'aimes.

Ça se voit.

Alors pourquoi ?

Pourquoi ?

Ne me dis pas que tu m'aimes trop, que c'est trop pour toi, que tu ne supportes plus.

ne me dis pas ça, ne me dis pas, ne me dis pas que, que tu as besoin de prendre tes distances, que tu as besoin d'air, ne me dis pas, ne me dis pas, dis-moi, dis-moi plutôt, dis-moi plutôt que tu ne veux plus de moi, dis-moi que tu en aimes une autre, dis-moi que tu te lasses, je ne te croirais pas, mais je comprendrais, peut-être, mais ne me dis pas ça, ne dis pas, ne fais pas comme les autres, comme tous les autres, ne fais pas comme eux, t'éloigner, disparaître. N'avoir jamais été.

Pourquoi ?

Tu m'aimes toujours, je le sais, tu le sais, tu m'aimes.

Alors comment ? Comment peux-tu m'en vouloir de, comment peux-tu, comment ?

Dis-moi plutôt, ne me dis pas.

Ne me dis pas impuissant, ne me dis pas pas assez fort. Et moi ? Ne suis-je pas assez forte, moi ? Assez forte pour nous deux ? Ne me dis pas. Dis-moi que tu n'en peux plus de serrer entre tes bras un corps malade, dis-moi que tu veux santé resplendissante, je ne te croirais pas, mais je comprendrais. Peut-être.

Tu te sens impuissant ? Et moi ?

Dis-moi plutôt, je comprendrais davantage, dis-moi plutôt que tu en aimes une autre, je sais bien que c'est faux, je vois bien que tu m'aimes encore, mais dis-moi plutôt que tu en aimes une autre, que tu m'as trompée, que je te dégoûte, que tu ne veux plus de moi, je sais bien que ce n'est pas vrai, mais dis-moi plutôt ça, ne me dis pas, ne me dis pas, ne me dis pas que…

Que tu te sens enfermé, que tu n'en peux plus, que tu vas péter les plombs, que tu sens que tu vas faire une connerie. Quelle connerie ? Quelle connerie ? Quelle connerie ?

Que tu n'es pas assez fort.

Que tous les jours tu vois tes patients affaiblis qui se souillent et se laissent aller entre tes bras, que tous les jours tu vois tes patients dépérir, s'effacer, devenir comme transparents, que tous les jours tu vois tes patients mourir.

Je ne suis pas comme eux ! Pas du tout ! Je ne suis pas eux ! Moi, je ne me souillerai pas, je ne dépérirai pas, je ne m'effacerai pas, je ne deviendrai pas comme transparente, je ne mourrai pas, je me battrai jusqu'au bout, et quand je me laisserai aller entre tes bras, ce sera avec toi, et ce ne sera jamais que de volupté et de plaisir.

Tu m'aimes encore, je le sais.

Je te vois, tous les soirs, t'arrêter en bas de chez moi qui fut en bas de chez nous, tous les soirs, regarder ma fenêtre, tous les soirs, je te vois fumer ta cigarette dégoûtante, puis repartir. Je sais que tu m'aimes.

Et ce matin, ces pains au chocolat que tu as déposés en vitesse et ton regard qui évitait le mien, de peur que ne s'y déverse le trop-plein d'amour en toi.

Alors pourquoi ? Pourquoi ?

Pourquoi t'éloigner, pourquoi rompre ? Tu ne seras bien qu'avec moi.

Jamais je ne ferai peser sur toi la culpabilité, je n'en aurai pas besoin : tu la porteras seul, je le sais. Tu t'en voudras, à jamais. Et tu verras, quand je serai guérie, et que détachée je poursuivrai ma vie hors de toi, tu verras.

Ne me dis pas, ne me dis pas que tu as peur de devenir fou, c'est en te séparant de moi que tu le deviendras.

Ne me dis pas que tu as besoin d'air, que tu te sens enfermé, c'est en t'éloignant de moi que tu t'enfermeras.

Ne me dis pas que tu te sens impuissant, désarmé, tu es bien assez armé pour me blesser en me quittant.

Ne me dis pas que tu m'aimes trop, que tu ne supportes plus.

Ne me dis pas ça, ne me dis pas, ne me dis pas que, que tu as besoin d'espace, ne me dis pas, ne me dis pas, dis-moi, dis-moi, dis-moi plutôt, dis-moi plutôt que tu en aimes une autre, que tu te lasses.

je ne te croirais pas
je comprendrais peut-être
ne fais pas comme tous les autres
t'éloigner, disparaître
n'avoir jamais été

Je ne veux pas qu'elle me voie pleurer. Non pas qu'elle ne comprendrait pas. Évidemment qu'elle comprendrait. Elle ne comprendrait que trop bien. Et je suis presque sûre que, de son côté, elle fait tous les efforts possibles, elle aussi, pour ne pas montrer son désarroi. Ne pas le montrer, à moi, à tout prix. Mais je ne veux pas lui donner cette image de moi, je veux qu'elle voie en moi la battante qu'elle a toujours vue, je veux qu'elle accueille la prochaine bataille avec espoir – ce n'est après tout rien qu'une petite bataille de perdue, qu'une bataille de rien du tout. Toutes les deux, on s'est retenu, pendant tout le trajet en voiture, de Villejuif jusqu'à la maison. Résultat, on n'a rien dit non plus, comme si on savait qu'un mot, un seul, aurait suffi à ouvrir les vannes.

Dès qu'on est arrivé, je lui ai dit que j'allais voir Cécile. J'ai posé mes affaires, et aussitôt je suis ressortie et j'ai sonné à la maison voisine. C'est son père qui m'a ouvert.

« Tiens, bonjour Biquette (il m'appelle toujours Biquette, au début il voyait bien que ça m'agaçait un peu mais il a continué, par jeu, pour m'embêter), tu viens voir Cécile ? Elle n'est pas encore rentrée. »

Encore un peu, encore un effort, faire illusion quelques minutes de plus, donner le change.

« Ça va ? »

Le oui qui sort de ma bouche est forcé, il ne peut pas ne pas s'en apercevoir.

« Je peux l'attendre dans sa chambre ? »

Bien sûr que je peux. Il a à peine le temps de se garer pour me laisser entrer que je suis déjà dans l'escalier. Je m'aperçois un peu tard que j'ai presque claqué la porte.

Je m'effondre sur le lit et je laisse enfin aller mes pleurs.

Des pleurs de dépit, des pleurs de déception.

La première crise passée, celle que j'ai si longtemps retenue, je peux respirer un grand coup. Je déteste pleurer. Ça donne chaud, on est tout pégueux, on se sent sale, le sel des larmes tire tous les traits du visage. Mais pas cette fois, cette fois, ça m'a soulagée. Oui. Soulagée.

Je me lève. Les larmes coulent encore, mais ça va mieux. Comme un répit. Mon regard passe en revue la bibliothèque de Cécile, je vois les titres défiler sans les voir vraiment. Tiens, en voilà un que je n'ai pas lu. Je lui demanderai de lui emprunter. Ou alors je l'achèterai, on verra.

La porte s'ouvre. Cécile est là. Je lève la tête.

Rien besoin de dire, elle a tout de suite compris.

On s'assied toutes les deux sur le lit. Elle ne dit rien. Elle attend. Son regard n'est que sympathie : je n'y lis ni commisération, ni apitoiement, ni jugement. On peut difficilement rêver meilleure amie. Et ça, ça fait du bien.

Sa présence bientôt m'apaise. Mes larmes se tarissent, ma respiration se calme.

Elle ne dit toujours rien, ne me presse pas.

Alors je lui dis. Elle n'a pas besoin, elle a compris. Mais je lui dis quand même. Je lui dis tout. Je lui dis mes espoirs déçus, les signes trompeurs, la douleur qui s'était estompée, la légèreté que je ressentais, le sarcome inamovible, les traitements inefficaces, le poids qui s'est aussitôt réinstallé. Tant d'illusions illusoires.

Bien sûr, il y a d'autres options, d'autres solutions, d'autres stratégies. Mais si violentes : chimio, rayonnements, opération, tout le tintouin.

Je suis fatiguée.

Dégoûtée.

C'est ce que je lui dis : je suis fatiguée. Fatiguée de donner le change, aussi. Et pourtant, pas le choix : il faut bien affronter les regards, les questionnements, les espoirs muets, les encouragements de ceux qui m'aiment, tous ces petits gestes qui comptent tant, mais qui l'un dans l'autre n'ont, bien sûr, que bien peu d'effets concrets.

Cécile reste muette. Elle ne sait que dire. Je sens qu'elle a un peu peur de dire un truc déplacé. Mieux vaut ne rien dire, elle a raison. Elle m'écoute. Sans impatience. Elle a passé son bras autour de mes épaules, j'ai posé ma tête sur son bras. Un moment elle éternue : c'est ma perruque qui lui gratte le nez. Ça détend l'atmosphère. On se regarde, on sourit.

On frappe à la porte. C'est le père de Cécile qui nous invite à boire l'apéro : on n'attend plus que vous, choupettes !

On dit qu'on arrive. On se regarde encore une fois, on sèche ses larmes, on respire un grand coup et on y va.

Je me demande s'il peut rester sérieux plus de deux minutes, le père de Cécile… En tout cas, c'est exactement ce qu'il me faut : un bon fou rire pour recharger les batteries et repartir à l'assaut.

Ce que j'aime, en fait, c'est le secret. On se croirait dans un film. À mi-chemin entre film d'espionnage et comédie romantique.

Ça a commencé par tes longues stations en dessous de ma fenêtre, en rentrant du boulot, tu t'arrêtais, tu fumais ta clope, puis tu repartais. Comme un pèlerinage. Puis les pains au chocolat, le matin, au petit déjeuner. La première fois, tu t'es confondu en prétextes maladroits, tu as dit que tu passais par hasard, que c'était exceptionnel, que tu ne voulais pas couper les ponts. Je t'ai écouté en hochant la tête, je t'ai laissé dire. Je n'étais pas dupe. Déjà. Et puis, de plus en plus souvent, le soir, au lieu de t'arrêter en bas et de regarder vers ma fenêtre avec un air bête, tu es monté. Pour discuter. Un peu. Beaucoup. Avant de repartir. Le moment du départ est toujours un peu maladroit : tu voudrais m'embrasser, mais tu n'oses pas. D'où cette bise, une bise unique et un peu niaise, sur la joue.

Et puis un soir, sur la bouche. Comme par accident. Comme si tes lèvres avaient manqué leur cible.

Ah ! Retrouver tes lèvres. Retrouver leur douceur, leur fraîcheur, leur ardeur. Après tant de temps. Nos lèvres se sont jointes et quelque chose a fondu en moi. Tout au fond de moi. Comme une énorme boule dont j'ignorais jusqu'à la présence. Comme si tous mes muscles soudain se relâchaient, alors même qu'ils étaient déjà au repos.

Une fois réunies, nos lèvres n'ont eu aucune hâte de se séparer. Et nous avons poursuivi notre baiser jusque tard dans la nuit. J'ai retrouvé la chaleur de tes bras, la tendresse de tes caresses, le paradis de toi et moi.

Puis tu es parti. Tu es reparti, car, après tout, nous avions rompu, alors qu'étions-nous en train de faire là ?

Des bêtises. Voilà ce que c'était, ce que nous avons fait ce soir-là. Des bêtises. C'était mal.

Et puis le lendemain, le surlendemain, la semaine suivante, ainsi soir après soir.

En secret.

On a continué nos bêtises.

C'est excitant, le secret. Tu arrives toujours à la nuit tombée, repars avant que le jour se lève – tu es félin, tu es Roméo, tu es amour interdit, amour impossible.

Tous les soirs, j'attends. Tous les soirs, je t'attends. Je me prépare et m'apprête pour toi, emportée par l'impatience et le désir. Soir après soir, quoi qu'il arrive. On rentre chez soi, on éloigne le téléphone, loin, on prétend à qui veut l'entendre qu'on est occupé, on s'invente une excuse, n'importe laquelle, on se fait couler le bain bienfaisant, et l'eau brûlante lave de la médiocrité du monde, le savon doux abolit un instant les insuffisances de la médecine, sa caresse rend son lustre à la peau écorchée vive, la vapeur chaude dilue les angoisses, le temps s'étire, on voudrait vivre toujours dans cette parenthèse de velours ouaté.

Puis vient le soin infini des apprêts, inlassablement accompagnés de récits nimbés de romantisme ardemment anticipé. On choisit sa robe, on imagine ton regard, on en préfère une autre, on revient à la première, on y assortit des chaussures, un foulard, on revient sur le choix de la robe, on fronce les sourcils face à ce crâne trop chauve, puis on se rappelle ce que tu as dit mille fois, on le garde pour soi, on est fin prêt.

On attend. Plus trop longtemps. Tu ne me fais pas languir, tu te fais espérer. Attendre, juste un peu, juste assez pour que l'excitation affleure, pour que l'impatience pointe son nez.

Tu ne sonnes pas. Oh non ! La sonnette, c'est pour les gens, ce n'est pas pour les amants. Les amants, ça frappe doucement à l'huis. Oui, à l'huis, parfaitement. Et doucement, s'il vous plaît, avec ce petit rythme qui est déjà mélodie et chant.

On entrouvre la porte, une main se glisse dans l'entrebâillement, une main avec dedans un cadeau, friandise, chocolat, bijou, petit rien du tout. Et bien sûr la jambe droite se soulève lorsqu'on va pour t'embrasser. Comme dans les films.

Puis c'est l'ardeur, plus secrète encore que le reste.

Et le nid ensuite. Le nid qui résume tout, englobe tout, contient tout.

On n'y parle qu'à voix basse. On s'y chuchote des mots d'amour et des promesses :

Surtout, on ne dit rien à personne. Rien. Promis ?

Promis.

On se fait peur en songeant à l'éventualité d'être découvert. On aimerait soudain avoir une nourrice complice qui, tendrement mais non sans frissons, favoriserait les entrevues.

Rien aux parents, rien aux amis, on garde ça pour nous, c'est à nous deux seulement.

On te parle des colères du père. Terribles colères, tempétueuses colères, qui remuent ciel et terre. On te dit : Surtout pas un mot à mon père, il serait capable de te tuer !

C'est exaltant, le secret, le goût de l'interdit, ça ferait presque oublier tout le mal que tu m'as fait : ta trahison et ta fuite.

Contrairement à d'habitude, je m'y suis prise très tôt. Dès la fin octobre. Dès la fin octobre, j'ai commencé à y réfléchir, à écumer les magasins. À me casser la tête.

J'ai toujours aimé ça. Aimé penser à la tête qu'ils vont faire lorsqu'ils vont déballer leurs cadeaux. Lorsqu'ils déchireront le papier et découvriront la surprise que je leur ai réservée. J'aime imaginer déjà leurs mines étonnées, leurs mimiques de surprise, leurs sourires de plaisir.

Surtout n'oublier personne, choisir un cadeau inoubliable pour chacun : Papounet et Mamounette, bien sûr, Gabin et Charlotte – quelque chose de beau, pas quelque chose d'utile, quelque chose qui émeuve, qui fasse sourire à chaque fois qu'on pose les yeux dessus, à chaque fois qu'on y pense.

C'est agréable de réfléchir à tout ça. Ça fait oublier le reste, le poids de tout le reste. Les perruques, les cicatrices, l'ignoble douleur qui me traverse le dos et me lance dans les cuisses, le poison dans mes veines. Je me promène de magasin en magasin, je regarde le ciel bleu au-dessus de moi, je souris. La vie est belle.

Je songe aux cadeaux que je ferai à mes cousins, même si j'ai bien l'impression que Cécile a raison lorsqu'elle me dit que je devrais ne pas en espérer tant de leur part. Qu'ils ne m'aiment pas autant que je les aime.

Et pourtant, j'ai besoin, à eux aussi, de leur offrir quelque chose cette année.

J'essaie de trouver un petit truc pour la copine de Gabin, aussi. Elle ne le mérite pas, ça, c'est sûr – il est bien trop beau, bien trop intelligent pour elle ! –, mais je vais quand même essayer de faire un geste de paix. Avant qu'il ne soit trop tard.

Et Daniel ? Daniel, j'ai déjà trouvé ce que je vais lui offrir. C'est vrai, je ne devrais peut-être pas lui offrir quoi que ce soit, après tout, qu'est-ce que c'est que notre histoire aujourd'hui, qu'est-ce que c'est que cette relation bâtarde, secrète, hein, c'est quoi, cette histoire ? Mais non, j'y peux rien, j'arrive pas à m'empêcher d'y penser : penser à sa tête, à lui aussi, quand il le déballera. Penser à son plaisir et ses baisers.

Cécile, aussi. Cécile surtout. J'aimerais lui offrir un truc vraiment exceptionnel. Pas facile de lui faire un cadeau, à celle-là ! En fait, ce n'est jamais facile de faire un cadeau à sa meilleure amie : on a trop peur de décevoir. Décevoir ses parents, son frère, sa sœur, c'est possible en effet, on peut, leur affection y résiste aisément. Mais décevoir une amie, une meilleure amie, je ne sais pas pourquoi, je trouve ça plus grave, plus dramatique. J'imagine qu'une amitié n'est pas due, c'est pour ça. Sans certitude.

Et puis, j'ai le sentiment de lui confier un fardeau que même mes parents n'ont pas à supporter. Un fardeau que j'essaie à tout prix d'épargner à Gabin et à Charlotte. Je lui dis ce que je n'oserais dire à personne d'autre, ce que je n'ai le droit d'infliger à quiconque, je lui confie mes peurs les plus secrètes : que ce Noël est sans doute mon dernier.

Le chirurgien est assis derrière son bureau. Mal rasé, accoudé, presque avachi sur quelques dossiers ouverts devant lui, il a les traits tirés, l'œil lourd et indifférent. Quand il se pose sur moi, son regard semble me passer au travers et sa voix pendant ce temps débite un charabia médico-chirurgical qu'il voudrait rassurant, comme une vieille leçon apprise par cœur et trop souvent rebattue.

« La tumeur est très grosse et nous allons devoir enlever une grosse partie du muscle ilio-psoas. Il est très possible que vous ne marchiez plus aussi bien après. Mais nous verrons. L'urgence est d'éviter que ça progresse plus que ça n'a déjà progressé. »

Papa et Maman sont concentrés. Moi, je ne l'écoute déjà plus.

Je connais trop bien le discours. Je le connais par cœur. Je n'ai plus besoin qu'on m'explique. Je n'ai plus besoin que Mamounette me raconte des histoires de gendarmes et de voleurs. Je n'ai plus besoin qu'on me fasse des dessins.

Je sais.

Je regarde ailleurs.

J'ai l'impression d'avoir vécu toute ma vie dans ces couloirs couleur de gris, peuplés de fantômes blanchâtres aux yeux invariablement cernés de noir sous des néons hostiles.

Si je n'en laisse rien paraître, c'est sans illusion que je me prête à ce cirque aujourd'hui.

Sur une étagère de la bibliothèque, derrière le bureau, il y a un dessin des Shadoks, avec leur sempiternelle devise : « Il vaut mieux pomper même s'il ne se passe rien que risquer qu'il se passe quelque chose de pire en ne pompant pas. »

Ça me fait sourire.

Enfin, je le retrouve ! Mon chez-moi ! Mon chez-moi, mon chez-moi à moi toute seule…

Ça fait du bien.

Bien sûr, ce n'est pas tout à fait le même chez moi qu'avant : Daniel n'est plus là, E-mail non plus, mon petit chien. C'est ma tante Amandine qui s'en occupe depuis l'opération. Et puis je sais bien que je ne peux pas y rester très longtemps : l'hôpital, bientôt, exigera de nouveau ma présence.

Ça fait trop longtemps que je n'y ai pas mis les pieds ! Il faut faire un grand ménage de printemps ! J'avoue que, pour une fois, la perspective du ménage ne me rebute pas. La déco non plus. D'autant que Cécile est là pour m'aider – les parents ne voulaient pas que je sois seule et Cécile a, en cette semaine d'avril, ses premières vraies vacances depuis longtemps. Des vacances rien que pour nous. Entre filles.

J'ai jamais fait de coloc. Elle non plus. Ce sera une première. Fallait bien que je vive ça une fois… On verra ce que ça donne. Après tout, ce n'est que pour quelques jours (hélas !).

Le premier jour, donc, on a refait la déco – les stickers que je voulais coller sur le mur des toilettes nous ont donné bien du fil à retordre. On a aussi tendu de nouveaux rideaux – et quand deux filles pas très grandes se prennent à essayer de tendre des rideaux, ça donne lieu à quelques scènes assez comiques. Pas toujours facile, le bricolage… c'est pas pour tout le monde. Ça, c'est sûr.

Bref, on s'est bien marré.

Les journées suivantes, on les a passées entre DVD, chiffons, bijoux et autres trucs de nanas. Et puis on a joué aussi. J'avais promis à Cécile de ne pas être trop mauvaise joueuse. Pas facile tous les jours, ça non plus. J'adore jouer et je déteste perdre. Surtout quand c'est la chance qui se retourne contre moi. Je déteste ça !

Mais bon, je lui ai promis, donc j'essaie de me retenir.

En réalité, ce n'est pas seulement pour retrouver mon appart, ou pour passer du temps avec Cécile que j'ai voulu revenir ici. C'est surtout parce qu'il n'y a qu'ici que je n'ai pas à donner le change. Je peux être moi-même, et parler de ce qui me hante sans me soucier de déprimer mes parents, ou d'effrayer Gabin et Charlotte.

Je ne sais pas comment Cécile fait pour supporter ça, d'ailleurs. C'est un ange. Moi, ça fait longtemps que je m'aurais dit de me taire, et d'aller servir mes sornettes morbides à quelqu'un d'autre. Mais non, pas elle. Un ange.

Avec elle, je peux librement parler de la mort et de mon pressentiment que, cette fois, c'est la bonne. Je peux m'ouvrir à elle, partager avec elle mes inquiétudes pour mes parents, qui ont été déjà si souvent brisés par ma maladie, et qui peuvent très bien ne jamais se remettre de ma mort. Et ma sœur, comment parviendra-t-elle à se construire sainement sans moi, sans sa grande sœur, comment saura-t-elle surmonter l'épreuve et envisager son propre avenir ? Et Gabin ? Gabin qui ne montre jamais qu'il souffre, qui ne pourrait supporter qu'on le sache, qu'on voit sa douleur, sa blessure ouverte ? Et Daniel, qui perdra malgré tout l'amour de sa vie, je le sais, malgré la rupture et malgré le secret ? Et tous ceux-là que j'aime et qui refusent de regarder en face l'évidence, ou qui, peut-être, ne s'en soucient pas, tout bonnement, et que je ne reverrai plus ?

Comme à une lampe merveilleuse, je peux sans illusion confier à Cécile mes trois vœux : être encore là pour voir naître le premier enfant d'Amandine – comme un petit bébé qui apparaîtrait au moment où, moi, malgré moi, je disparaîtrai –, voir Christophe Maé en concert, être sûre que ma famille saura continuer à vivre.

Pourquoi ne parles-tu pas de tout ça avec eux ?

Non. Ils ne sont pas prêts. Ils se bercent encore d'illusions, ils veulent croire. Je ne suis pas sûre d'avoir la force de les faire redescendre sur terre. Et je ne suis pas certaine que ce ne soit pas mieux ainsi : qu'ils continuent à espérer. Toujours.

Ce qu'il faudrait au contraire, c'est les y préparer. Les y préparer sans leur faire perdre espoir. Les y préparer pour que tous ensemble nous puissions profiter à plein des quelques mois qui nous restent. Les y préparer pour ménager ce dont la vie sera faite. Après moi.

La dernière fois qu'on l'a vu, Cécile et moi, ce n'était pas lui qui chantait. Il était dans le public, comme nous. C'était il y a un an, exactement, à Bercy, pour le concert de Beyoncé. Je me souviens : on était juste à côté du carré VIP et on l'a vu arriver, un peu après nous. On a gueulé, Cécile et moi, on a sifflé à pleins poumons. De vraies groupies. On faisait semblant de soupirer, de défaillir, on essayait de lui faire de l'œil. On criait, on s'époumonait : Christophe ! Christophe ! Mon Cricri ! Je suis là ! Je suis à toi !

On n'était pas les seules, d'ailleurs : je sais pas pourquoi, mais on avait échoué dans le coin de Bercy où s'étaient donné rendez-vous tous les fans gays de Beyoncé. Eux aussi, ils s'en donnaient à cœur joie ! Ils sifflaient, ils gueulaient, fous amoureux comme nous. Et puis Beyoncé est montée sur scène et elle a commencé – un vrai feu d'artifice de lumières et de paillettes.

Trop bien.

En plus, pour le show de Beyoncé, je pouvais encore un peu danser. J'avais des béquilles mais ça allait, je n'avais pas trop mal. Je me souviens d'ailleurs que ça nous avait quand même pas mal servi pour rentrer et prendre nos places avant tout le monde. Il y avait une telle queue : quand on a vu ça, on est allé direct au poste de sécurité. Le type m'a regardée, il a vu que j'étais chauve, et j'ai pas eu besoin de dire grand-chose pour qu'il nous laisse passer de suite.

Alors que là, quand on arrive au Zénith pour enfin écouter Christophe Willem, en vrai, sur scène, je suis en fauteuil roulant. Et super en retard en plus : on s'est perdu en chemin pour cause de conductrice complètement paumée dans Paris. D'un autre côté, ça n'a pas que des désavantages non plus, les fauteuils roulants. C'est bien grâce à mon fauteuil roulant que je peux admirer de près les beaux pompiers bien musclés qui me portent jusqu'à ma place.

Ah ! Les pompiers… de quoi vous faire oublier tous les chanteurs du monde !

Cette soirée s'annonce bien.

Mais ça commence : Cécile me fait du coude et me montre le plafond. Je lève la tête. Voilà Christophe Willem qui descend du plafond, tel un éclatant deus ex machina, suspendu à un fil.

Trop beau.

Tant pis pour Christophe Maé. J'irai le voir en octobre, c'est pas grave. On n'a qu'à laisser nos billets à Cécile, elle trouvera bien quelqu'un pour l'accompagner. Les enfants, c'est bien plus important. Et puis je leur ai promis que je viendrais.

C'est ce que je lui ai dit, à Maman, quand elle m'a annoncé que le concert de Christophe Maé tombait exactement le même jour que le gala de danse d'Ormesson, le gala de fin d'année, et qu'on ne pourrait certainement pas faire les deux.

« Tu es sûre ? m'a-t-elle demandé.

— Oui. »

Je crois que c'est depuis cet exposé devant ma classe de troisième que j'ai vraiment envie de faire ce genre de choses-là : essayer de faire ouvrir les yeux aux autres, les sensibiliser à ce qu'est cette maladie, cette souffrance, cette solitude, tâcher tant que faire se peut d'épargner aux malades les regards craintifs et stupides des gens ordinaires qui n'y connaissent rien et ne réagissent à la différence que par le rejet.

Alors, je passe parfois, quand je peux, quand on me le demande, dans quelques classes. Et j'ai promis aux enfants d'Ormesson de dire quelques mots lors de leur gala de danse – un gala qui, en plus, est l'occasion de collecter des fonds pour le service des leucémies de l'hôpital Trousseau. Alors tant pis pour Christophe Maé.

Sauf que, quand j'arrive, je découvre tout le monde qu'il y a. Les enfants, oui, mais aussi leurs parents, leurs frères, leurs sœurs, leurs oncles et tantes, leurs amis. Je ne m'attendais pas à une salle aussi remplie. Pas facile. Tous ces yeux braqués sur moi, qui attendent mon discours. Et parmi eux, ceux de Papa, de Maman, de Charlotte et de Gabin. Vraiment pas facile de trouver le ton juste.

Bon allez, on se roule jusqu'à la tribune, on respire un grand coup, et on se lance*.

* Le discours prononcé par Anne-Lise à cette occasion est reproduit dans son intégralité en fin d'ouvrage.

Ni lui ni moi ne sommes dupes. On fait comme si. Comme si cette année ne s'était pas écoulée. Comme si ce n'était pas en fauteuil roulant qu'il m'a emmenée au restaurant. Comme si j'avais encore tous mes cheveux. Comme si nous avions encore notre vie tout entière et notre avenir vierge, grand ouvert devant nous. Comme si la maison à la Réunion, les enfants, le boulot, comme si tout cela était encore une douce éventualité, un possible probable, un projet commun. Comme si.

On a tout fait pour nourrir l'illusion : on a choisi notre petit resto d'autrefois, où l'on a passé tant et tant de soirées en amoureux. On a demandé notre petite table habituelle, isolée dans un coin calme de la terrasse. Quand on est arrivé, le soleil n'était pas couché. Il rougeoyait avec force, et le ciel en garde encore à présent le rose et la tiédeur. Mon étole flotte, aérienne, sur mes épaules et mes bras. Je n'en ai pas besoin. Mais elle va si bien avec ma perruque.

Entre les plats, on se regarde dans les yeux, on se tient par la main. On vit sur nos souvenirs. On évite certains sujets. Je lui demande des nouvelles de ses parents, de sa sœur, de ses neveux. Je lui fais t-t-t-t-t avec un petit regard par en dessous, genre méfiante, quand il me dit qu'il a arrêté de cloper. On parle déco et couleurs de peinture, on parle prénoms d'enfant, je lui dis que si c'est un garçon, j'aimerais l'appeler Julien.

On essaie d'y croire, tous les deux. On fait taire sa conscience, on oublie les circonstances.

Et puis finalement, malgré les sourires, malgré les caresses, malgré les baisers, la réalité nous rattrape aussi sûrement que la nuit. Quand le dessert arrive, nous avons épuisé les sujets consensuels, les anecdotes circonstancielles, les plaisanteries occasionnelles. Le ton descend d'un cran. On parle plus doucement. Autour de nous se forme une bulle imperméable, une bulle d'intimité, inaccessible au dehors, inaccessible au temps, suspendu entre deux instants.

Une bulle de vérité. Impénétrable.

C'est con à dire, mais je n'ai pas du tout envie de mourir. Je préférerais largement vivre, même avec mon handicap. Je m'arrête. Je respire largement, je regarde quelque part dans le ciel. Puis je reprends. Je veux vivre. Ne serait-ce que pour voir mon frère, ma sœur… et même toi… vous voir heureux, tous. Je replonge mon regard dans le sien. Nous nous taisons un instant.

Lorsque nous finissons de dîner, je suis épuisée. Daniel me traite comme une princesse. Quand on quitte la table, il me donne du baisemain pour me faire sourire.

Il me ramène chez les parents. La rue est calme – un de ces calmes qui pèsent légèrement sur la ville lors des plus belles nuits d'été. Sans un souffle d'air, mais sans moiteur. Pas un bruit. La plupart des maisons sont désertes, pour cause de vacances.

Je tombe de sommeil.

Daniel se gare devant la maison. Il sort de la voiture, ouvre le coffre, en sort mon fauteuil, va le poser sur le perron. Puis il revient vers la voiture, ouvre ma portière. Je passe mon bras autour de son cou, je m'enivre de son odeur. Il glisse un bras sous mes genoux, l'autre dans mon dos, et me soulève comme un fétu de paille. Il ne dit rien, ne fait aucune remarque sur mon poids plume.

Il a du métier. Il me porte sans à-coups jusque dans la maison, puis, sans même me poser, monte d'un trait les escaliers jusqu'à ma chambre. J'ai l'impression d'être revenue en enfance, lorsque mon père me mettait au lit, tard le soir, quand je m'endormais dans la voiture en rentrant de dîner chez des amis.

Il me pose sur mon lit, précautionneusement, avec la douceur d'une plume dans un ciel pur. Il me retire mes chaussures, ôte ma robe, m'enfile une chemise de nuit avec une facilité déconcertante. C'est comme une danse, une chorégraphie millimétrée, que ses bras exécutent avec douceur et assurance et dont je profite comme d'innombrables caresses parfumées. J'aime ça. Je me laisse faire. J'ai l'impression d'être si légère.

Enfin, il tire sur moi le drap et reste ainsi à me regarder.

« Bonne nuit », dit-il.

De mon demi-sommeil, je tends les bras vers lui. Il se penche sur moi, vole sur mes lèvres un baiser furtif. Je le garde encore un instant contre moi. Un instant qui n'est qu'une bien trop courte éternité.

Quand il se lève et s'en va, je suis déjà profondément endormie.

Fallait bien que ça arrive un jour. Depuis le temps que je lui confie mes frustrations et mes pensées morbides. Fallait bien qu'un jour ça sorte, que ça éclate.

Faut dire, la journée était trop belle pour être vraie. Un samedi ensoleillé comme on n'en avait pas eu depuis longtemps. Une vraie canicule. Mais avec tout ce qu'il faut pour tromper la chaleur : piscine, boissons fraîches, jeux de cartes... Et Cécile, bien sûr. Tout pour passer un après-midi parfait. Tout pour oublier l'imminent, pour oublier la pression, le temps qui passe et avec lui les risques qui augmentent et les médecins qui vocifèrent l'urgence d'une nouvelle intervention.

Mais, à trop vouloir oublier, le retour à la réalité n'en est que plus violent. À la fin de la journée, la fatigue et la douleur ont repris leurs droits, et, lasse de lutter, j'ai pensé aux jours prochains, à l'hôpital qui m'attend, et mes nerfs ont lâché. Sans raison. J'ai éclaté en sanglots. D'un coup de poing, j'ai envoyé balader la table de jeu. Je me suis déchaînée, je ne sais même pas pourquoi. Comme une rage aveugle, dirigée vers l'inconnu.

À tant se battre contre l'impalpable, on finit par affronter le néant.

Je n'en peux plus. C'est trop lourd. La perspective d'une énième chambre d'hôpital, des rondes d'infirmières à la régularité implacable – et de tous leurs instruments de torture, les inévitables piqûres, cathéter, IRM, rayons – tout ça m'est insupportable. C'est trop : je ne connais ça que trop bien. Je n'en ai plus la force.

Cécile a tout fait pour me calmer. Voyant que ça ne marchait pas, son père et sa mère s'y sont mis. Rien n'y a fait. Je suis partie en claquant la porte.

Ils ne méritaient pas ça. C'est sûr. Et même si je suis certaine qu'ils comprennent mon état, ce n'est pas une raison pour leur imposer pareille crise.

Retourner à l'hôpital, c'est laisser leurs illusions aux parents, à Gabin, à Charlotte, à Cécile, à tous ceux qui m'aiment et que j'aime, mais c'est aussi me livrer une nouvelle fois à la rudoyante barbarie de la médecine. Je ne veux pas les décevoir, qu'ils aient l'impression que je les laisse tomber, mais je sais aussi qu'il est un moment où il faut accepter, se résigner – c'est encore plus dur. Pas pour moi : pour eux. Pour mes parents, mon frère, ma sœur.

Sitôt cloîtrée dans ma chambre, après un long moment d'absence, j'envoie à Cécile un long texto :

> *Suis désolée pour la soirée, désolée que tu me voies comme ça, désolée de tout, même si tu vas me dire que j'y suis pour rien. Et je le sais bien. Je sais aussi que mes parents ont raison : je ne peux pas rester comme ça. Mais me résoudre à retourner à l'hôpital, c'est encore affronter des examens, l'enfermement, les perfusions, la totale. Je préfère largement être avec ma famille moralement.*

C'est chiant les SMS, ça part trop vite, avant même d'avoir pris le temps de vraiment tout dire.

Je pense que vous avez tous raison et je suis bien consciente de la souffrance que je vous inflige. Je me bats tous les jours parce que je sais que sans moi sur terre cela détruirait beaucoup de monde… Je sais que j'ai encore la chance de pouvoir respirer malgré tout, mais je deviens un poids lourd, très lourd, à supporter pour vous tous et c'est dur à accepter.

Sa réponse ne se fait pas attendre : elle me promet de passer me voir le lendemain.

Alors tout de suite :

Si je ne vais pas à l'hôpital, oui, je veux bien. Merci énormément pour ton soutien et l'amour amical que tu me portes : ça me touche beaucoup. Je te souhaite une bonne nuit. Gros bisous, à demain.

Le lendemain, Cécile n'est pas venue me voir.

Ou alors, si elle est venue, moi, je n'étais plus là. J'étais déjà partie.

Le lendemain, j'ai enfin accepté ma défaite. J'ai cédé aux exhortations des parents. Je suis retournée à l'hôpital, je me suis rendue à la raison médicale. À contrecœur.

On y est allé tous ensemble, Papa, Maman, Daniel et moi. Enfin, tous ensemble : moi, dans l'ambulance, les autres en voiture.

Quand je suis arrivée au Kremlin-Bicêtre, Daniel y était déjà qui m'attendait. Il a déplié ma prison roulante puis m'a prise dans ses bras pour m'asseoir dedans. Alors qu'il se relevait, je l'ai retenu tout contre moi, de toutes mes forces. Comme un spasme. Comme on s'accroche à une ultime bouée de sauvetage. Ma bouche près de son oreille, je lui ai chuchoté : « Je le sens pas, Daniel. Vraiment, je le sens pas. J'ai peur. »

J'ai dit ça très bas, très vite, je ne voulais pas que les parents entendent. Je pensais qu'il pourrait mieux comprendre, lui. Il n'a rien répondu. Il a gardé ça pour lui, en me regardant d'un air très étonné. C'est dans ce regard, dans le miroir de ce regard, que j'ai vraiment vu cette peur que je lui avais confiée. Voir ainsi ma peur en face m'a aussitôt rassérénée et je me suis rendu compte que c'était la première fois que je lui disais ça. La première fois que je le disais au grand jour, que je l'acceptais devant quelqu'un. Alors ça l'étonnait. Ça, oui, ça l'étonnait.

Et ils appellent ça un succès…

(No comment.)

Je suis là, clouée au lit, je ne peux plus marcher, je suis percée de toute part, comme une vieille chambre à air trouée, avec des liquides qui rentrent, des liquides qui sortent, sans que je puisse rien contrôler de mes besoins les plus primaires… et ils appellent ça un succès.

Je suis là, incapable de faire la moindre chose sans qu'on m'aide, obligée de pisser allongée, alors que la vieille qui partage ma chambre, elle, gambade comme si de rien n'était. Elle gambade. Mais ça ne l'empêche pas de râler. De râler constamment, inlassablement, comme un poste de télévision allumée vingt-quatre heures sur vingt-quatre. Elle peste contre ci contre ça. Mais en attendant, elle peut aller dans le couloir quand elle veut, pour crier après les infirmières, elle peut aller aux toilettes quand elle en a envie, à la fenêtre même, et jusque dans la cour. Elle peut profiter du magnifique soleil de juillet qui resplendit. Elle ne s'aperçoit pas de sa chance, et je la maudis doucement – elle est sourde comme un pot, ce qui ne l'empêche pas de ronfler comme un pot d'échappement.

Et, sous prétexte qu'ils appellent ça un succès, je n'aurais donc pas le droit de parler d'autre chose, de mes angoisses, de mes frustrations ? De ma résignation, aussi. Je ne peux rien dire, je garde ça pour moi.

Les parents ne me parlent que de rentrer à la maison, de la nouvelle chambre qu'ils sont en train de me préparer et de me décorer, au rez-de-chaussée, pour que mon fauteuil roulant ne pose pas de problème.

Folie. Vain espoir.

Cécile aussi affiche un sourire presque joyeux. Comme si on lui avait annoncé une vraie bonne nouvelle – la paix dans le monde ou que sais-je –, elle se focalise sur la parole évangélique des médecins : c'est un succès, donc tout est super, tout est bon, tout va bien ! Et dès que j'essaie d'être plus sérieuse, elle détourne la conversation, ou elle y met un terme, me dit « je dois y aller ».

Gabin et Charlotte, les pauvres, font comme si rien n'avait changé, comme si je n'avais jamais été malade. Charlotte me fait la gueule parce que je ne m'occupe plus d'elle, Gabin me fait la gueule parce que j'arrête pas de me moquer de sa petite copine. Ce n'est pas à eux que je pourrais dire quoi que ce soit. D'ailleurs, je n'aurais pas la force de leur infliger ça.

Il n'y a finalement guère qu'à Daniel que je peux parler. Je ne sais pas s'il le comprend davantage, ou s'il nourrit moins d'espoir que les autres. Mais il est là très souvent. Dès qu'il finit son service en réanimation, il monte les trois étages qui nous séparent pour venir me voir. Il reste là, à mon chevet. Il a du mal à trouver ses mots, il est gêné encore par son impuissance et sa culpabilité. Alors il n'ose pas me couper la parole, détourner la conversation, comme tous les autres le font allègrement. Et je peux parler.

Je peux déverser mon humiliation et mon amertume. Je peux lui dire mes peurs et mes frustrations. Je peux lui dire que j'aurais préféré mourir chez moi. Chez nous.

Je peux lui parler de l'avenir, celui de mes parents, celui de mon frère, de ma sœur, de son avenir à lui. La vie sans moi.

Je peux lui parler de mon absence, de mon souvenir.

Je peux lui chuchoter mon amour et mes espoirs.

Maman est là. Elle me parle doucement. Elle me donne des nouvelles d'Amandine. Je souris. Je ne sais pas si elle le voit, mais je souris.

Puis elle se tait.

Je regarde son visage silencieux, loin au-dessus du masque en plastique qui couvre mon nez et ma bouche.

Elle me dit : « Je t'aime, Anne-Lise. »

De toutes mes forces, je serre sa main dans la mienne.

Ils sont tous là autour de moi.

Autour du lit.

Je les vois. Par-dessus le masque.

Je les vois.

Les uns debout, les autres assis.

Gabin, Charlotte.

Daniel.

Maman et Papa.

Je les regarde l'un après l'autre. Je leur souris. J'essaie de les embrasser tous dans ce regard. Le plus possible, j'essaie par ce regard, par ce sourire, de leur communiquer le courage – mon courage – la résignation – ma résignation.

Je leur confie l'avenir, mon amour, mes rêves.

Je suis tranquille, la morphine fait son effet, la douleur est lointaine, la respiration presque trop facile. La fatigue n'est pas lassitude, elle n'est qu'absence de force mêlée de quiétude.

Assis à mon chevet, Papa tient ma main dans sa main. Fébrilement. Son regard intense est fixé sur moi, mais il ne me regarde pas. Il ne regarde rien et considère tout, de loin. Ses yeux sont brillants.

Il va pleurer.

Je ne veux pas.

Je hoche la tête doucement.

Je tends la main. J'essuie la larme qui s'apprête à couler sur ses joues.

Je les ai fait sortir.

Tous.

Sous un faux prétexte.

Tous sauf Daniel.

La semaine dernière, j'ai convaincu Maman d'aller voir un psy. Pour l'aider. Et je lui ai suggéré d'aller la voir. Pour la faire sortir de la chambre. Maintenant. Il ne faut pas qu'elle me voie. Pas ainsi.

Ils sont sortis. Papa, Maman, Gabin, Charlotte.

Sauf Daniel.

J'attends qu'ils sortent.

Qu'ils referment la porte.

Je regarde Daniel en essayant un sourire. Un bref instant, l'image surgit à ma conscience de son baiser, ce baiser de ce début d'été qui me semble si lointain, ce baiser qu'il a déposé sur mes lèvres, ce soir-là, après le restaurant.

Il s'en souvient aussi.

S'assied au bord du lit.

S'allonge contre moi.

Me prend dans ses bras.

Délicatement.

Ferme les yeux.

Presse ses lèvres contre mon front.

Mes joues.

Mes lèvres.
Doucement.
Petit goût de larmes.
Tendrement.
Chaleur de son étreinte.
Mon corps soudain se détend.
Se relâche.
Lâche prise.

« Bonsoir à tous,

Je m'appelle Anne-Lise et je viens de fêter il y a peu de temps mes 24 ans. Je suis d'ailleurs très contente d'avoir pu partager encore une fois un très bon moment avec ma famille et mes amis, j'ai beaucoup de chance malgré tout... En effet, je suis depuis l'âge de 5 ans atteinte d'une maladie grave qui touche une bonne partie de la population et cette maladie, c'est le cancer.

Mon premier combat a débuté alors que j'allais avoir 6 ans (je les avais fêtés à l'hôpital). À cet âge-là, on ne s'attend pas à recevoir une mauvaise nouvelle, on ne pense qu'à profiter de son enfance, mais moi, j'ai eu une leucémie ; je suis donc passée par la phase chimiothérapie, perte des cheveux, et bien entendu j'ai eu droit à certaines moqueries de la part des enfants de mon âge. Y en a même qui me prenaient pour un garçon, j'en ai beaucoup souffert mais j'avais déjà l'âme d'une battante et je m'en suis sortie. J'ai pu effectuer une scolarité normale sans redoubler de classe même si j'étais moyenne, mais je me donnais les moyens d'y arriver et j'ai eu mon bac.

À la suite de ce premier combat, il a fallu que je recommence à me battre la première année de mon DUT, à l'âge de 19 ans, contre un cancer de la thyroïde, car j'avais des nodules que l'on m'a retirés rapidement à cause de mes antécédents. Pas facile d'accepter la cicatrice qui au début était très gonflée, rouge, voyante, puis difficile de supporter les changements d'humeur et dans les relations familiales et amicales, mais, encore une fois, je m'en suis sortie.

Après l'obtention de mon DUT et de ma licence, j'ai voulu tenter en 2007-2008 le concours de professeur des écoles, mais c'est à cette période-là qu'on a découvert que j'avais une tumeur au niveau du muscle psoas près de la colonne vertébrale. Au début, c'était bénin, il fallait surveiller, attendre que je commence à avoir des douleurs dans les jambes et dans le dos. Petit à petit, la douleur est apparue et est devenue intense dans ma jambe droite. En août 2008, j'ai donc refait une IRM qui a révélé que la tumeur avait grossi. La biopsie effectuée un mois plus tard a annoncé que j'avais un sarcome (c'est le nom de la tumeur) et que c'était cancéreux.

Alors j'ai débuté des séances de chimiothérapie jusqu'à mars 2009 ; j'ai reperdu mes cheveux, mais cette fois-ci ce fut beaucoup plus difficile psychologiquement car, à 22 ans, c'est une marque de féminité. Pour essayer de cacher la maladie, j'ai eu droit à une prothèse capillaire, à des foulards et à des casquettes. En plus de la chimio, j'ai eu droit à trente séances de rayons jusqu'à fin avril 2009, ce fut une période longue et difficile. Mais j'ai pu passer un été tranquille en famille, même si je ne pouvais pas trop marcher à cause des douleurs dans les jambes. En septembre, j'ai quand même recommencé à travailler en tant qu'auxiliaire de vie scolaire dans une école de Nogent-sur-Marne jusqu'à fin novembre où mon état de santé s'est aggravé (j'avais perdu quinze kilos en trois mois) et j'ai rechuté. Les résultats des examens ont révélé que la tumeur avait de nouveau grossi. J'ai donc repris un traitement de chimio jusqu'à avril 2010. Malgré la chimio, les douleurs dans mes jambes n'ont pas disparu et je dois me déplacer avec des béquilles et une chaise roulante lorsqu'il s'agit de faire de longues distances car j'ai perdu de la force musculaire. En plus, il est impossible pour l'instant de m'opérer car la tumeur est très mal placée (elle compresse mon ilio-psoas droit, la racine au niveau des vertèbres) et très volumineuse ; je dois donc vivre avec le cancer.

Ma vie est donc un combat permanent contre cette maladie, mais contrairement à d'autres j'ai de la chance d'être encore là et j'essaie de profiter et d'apprécier chacun des moments qui me sont donnés auprès de ma famille et de mes amis, du moins ceux que j'ai pu conserver car la maladie fait fuir les gens. Je trouve cela vraiment triste de constater que, sur l'ensemble de mes amis, seulement trois ou quatre sont toujours là près de moi pour me soutenir, je ne suis pas contagieuse, nous ne sommes pas contagieux, ce n'est pas notre faute si nous avons un cancer ou une autre maladie. Nous avons besoin d'être épaulés, de sentir que, malgré notre handicap, nous sommes aimés. Alors oui, psychologiquement, c'est difficile, mais l'important, c'est d'être encore là et tant qu'on est ici eh bien il faut en profiter. Alors au nom de tous ceux qui sont malades, ne nous laissez pas seuls, aidez-nous à rendre le combat plus agréable, soutenez-nous !!! Moi j'ai de la chance d'avoir des parents, un frère, une sœur, qui m'aiment et me soutiennent et c'est en grande partie pour eux que je me bats ; je me battais aussi pour celui que j'aimais depuis presque cinq ans, mais il m'a quittée car il n'arrivait plus à supporter le fait que je sois malade.

Voilà, j'espère que mon témoignage fera prendre conscience qu'il ne faut jamais baisser les bras, que la vie est semée d'embûches, de haut en bas, et que ce n'est pas une raison pour laisser tomber ou fuir. Restons unis face à la maladie ! »

Discours d'Anne-Lise Chaussegros le 19 juin 2010 lors du gala de danse d'Ormesson, dont les profits sont allés au service des leucémies de l'hôpital Trousseau.

Photocomposition PCA

Achevé d'imprimer sur Roto-Page
en janvier 2013
par l'Imprimerie Floch à Mayenne
pour le compte des éditions Calmann-Lévy
31, rue de Fleurus 75006 Paris

PAPIER À BASE DE
FIBRES CERTIFIÉES

calmann-lévy s'engage
pour l'environnement en réduisant
l'empreinte carbone de ses livres.
Celle de cet exemplaire est de :
750 g éq. CO_2
Rendez-vous sur
www.calmann-levy-durable.fr

N° d'éditeur : 5186101/01
N° d'imprimeur : 83921
Dépôt légal : janvier 2013
Imprimé en France